APRENDA APACHE AIRFLOW

*Domine a Orquestração de
Dados com Precisão Técnica*

Diego Rodrigues

APRENDA APACHE AIRFLOW
Domine a Orquestração de Dados com Precisão Técnica

Edição 2025

Autor: Diego Rodrigues

studiod21portoalegre@gmail.com

Nota Importante

Os códigos e scripts apresentados neste livro têm como principal objetivo ilustrar, de forma prática, os conceitos discutidos ao longo dos capítulos. Foram desenvolvidos para demonstrar aplicações didáticas em ambientes controlados, podendo, portanto, exigir adaptações para funcionar corretamente em contextos distintos. É responsabilidade do leitor validar as configurações específicas do seu ambiente de desenvolvimento antes da implementação prática.

Mais do que fornecer soluções prontas, este livro busca incentivar uma compreensão sólida dos fundamentos abordados, promovendo o pensamento crítico e a autonomia técnica. Os exemplos apresentados devem ser vistos como pontos de partida para que o leitor desenvolva suas próprias soluções, originais e adaptadas às demandas reais de sua carreira ou projetos. A verdadeira competência técnica surge da capacidade de internalizar os princípios essenciais e aplicá-los de forma criativa, estratégica e transformadora.

Estimulamos, portanto, que cada leitor vá além da simples reprodução dos exemplos, utilizando este conteúdo como base para construir códigos e scripts com identidade própria, capazes de gerar impacto significativo em sua trajetória profissional. Esse é o espírito do conhecimento aplicado: aprender profundamente para inovar com propósito.

Agradecemos pela confiança e desejamos uma jornada de estudo produtiva e inspiradora.

ÍNDICE

SAUDAÇÕES!

É com grande objetividade e clareza que dou as boas-vindas a você que inicia esta jornada pelo universo da orquestração de dados com **Apache Airflow**. Sua decisão de compreender e aplicar esta ferramenta representa um passo consciente na direção de ambientes de dados mais organizados, auditáveis e escaláveis — uma escolha prática diante das necessidades operacionais reais de quem atua com automação, engenharia de dados ou pipelines críticos.

Neste livro, *APRENDA AIRFLOW – Domine a Orquestração de Dados com Precisão Técnica*, você encontrará um conteúdo direto, funcional e construído com foco total na aplicabilidade. Airflow deixou de ser uma solução alternativa e tornou-se parte integrante das arquiteturas modernas de dados. Ao entender seu funcionamento, você passa a controlar não apenas execuções técnicas, mas a confiabilidade de processos inteiros que movem produtos, relatórios, decisões e fluxos de negócios.

Aqui, você será conduzido por uma estrutura sólida, onde cada capítulo foi planejado para conectar teoria aplicada com prática validada. O objetivo não é apresentar a ferramenta de maneira superficial, mas orientar seu uso profissional em contextos reais — desde a criação de DAGs básicas até o deploy escalável com Kubernetes, integração com APIs externas, controle de variáveis sensíveis, auditoria, versionamento e observabilidade contínua.

Esta obra não exige que você seja um especialista para começar, mas exige — e entrega — rigor técnico. Se você atua com dados e precisa de previsibilidade, automação e governança sobre processos recorrentes, o domínio do Airflow se torna um

1

diferencial imediato.

Seja você engenheiro, analista, cientista de dados, profissional de DevOps ou arquiteto de soluções, este conteúdo foi desenhado para te auxiliar com precisão e foco. Os 25 capítulos que compõem este livro abordam, de forma direta, tudo o que é necessário para operar o Airflow em ambientes de produção, em múltiplos ambientes, com segurança e rastreabilidade.

O conhecimento prático começa com estrutura clara — e esta leitura foi feita exatamente para isso.

Seja bem-vindo ao Aprenda Airflow. Boa leitura e aplicação.

SOBRE O AUTOR

Diego Rodrigues
Autor Técnico e Pesquisador Independente
ORCID: https://orcid.org/0009-0006-2178-634X
StudioD21 Smart Tech Content & Intell Systems
E-mail: studiod21portoalegre@gmail.com
LinkedIn: www.linkedin.com/in/diegoxpertai

Autor técnico internacional (*tech writer*) com foco em produção estruturada de conhecimento aplicado. É fundador da StudioD21 Smart Tech Content & Intell Systems, onde lidera a criação de frameworks inteligentes e a publicação de livros técnicos didáticos e com suporte por inteligência artificial, como as séries Kali Linux Extreme, SMARTBOOKS D21, entre outras.

Detentor de 42 certificações internacionais emitidas por instituições como IBM, Google, Microsoft, AWS, Cisco, META, Ec-Council, Palo Alto e Universidade de Boston, atua nos campos de Inteligência Artificial, Machine Learning, Ciência de Dados, Big Data, Blockchain, Tecnologias de Conectividade, Ethical Hacking e Threat Intelligence.

Desde 2003, desenvolveu mais de 200 projetos técnicos para marcas no Brasil, EUA e México. Em 2024, consolidou-se como um dos maiores autores de livros técnicos da nova geração, com mais de 180 títulos publicados em seis idiomas. Seu trabalho tem como base o protocolo próprio de escrita técnica aplicada TECHWRITE 2.2, voltado à escalabilidade, precisão conceitual e aplicabilidade prática em ambientes profissionais.

APRESENTAÇÃO DO LIVRO

Este livro foi organizado para oferecer uma orientação técnica clara e direta sobre o uso do Apache Airflow, desde a introdução aos seus principais conceitos até aplicações em ambientes complexos e escaláveis. Ao longo de 25 capítulos, o leitor será guiado por uma sequência didática que equilibra teoria aplicada, práticas recomendadas e exemplos realistas.

Começamos pelos fundamentos, com os primeiros passos na instalação do Airflow, criação de usuários, estrutura de diretórios e inicialização dos componentes essenciais como o scheduler e o webserver. Em seguida, mostramos como criar sua primeira DAG, explicando a função de cada parâmetro, o agendamento inicial, o uso de operadores básicos e a importância do encadeamento de tarefas.

Avançamos para o uso dos operadores mais comuns — como o BashOperator, PythonOperator e EmailOperator — e demonstramos como configurá-los corretamente para tarefas cotidianas. Logo depois, abordamos o uso de variáveis e conexões, ensinando como parametrizar DAGs com segurança e reutilizar configurações entre tarefas e ambientes.

Em sequência, entramos na lógica de execução condicional por meio das trigger rules, apresentando diferentes regras de dependência entre tarefas, e seguimos com a explicação dos agendamentos no Airflow, detalhando start_date, schedule_interval, catchup e o comportamento da execution_date. Com isso, o leitor adquire uma visão clara sobre como controlar o tempo das execuções.

Nos capítulos seguintes, mergulhamos na comunicação entre tarefas com o uso de XComs, e depois na construção de fluxos condicionais utilizando o BranchPythonOperator. Introduzimos sensores como o FileSensor, HttpSensor e ExternalTaskSensor, mostrando como aguardar eventos externos antes de prosseguir no pipeline. Também explicamos como monitorar DAGs e tarefas pela interface web, interpretar logs e utilizar as visualizações gráficas disponíveis.

O conteúdo então avança para personalizações com a criação de operadores e hooks próprios, permitindo encapsular lógica de negócio e conectar o Airflow a sistemas internos de forma estruturada. Com isso, preparamos o terreno para temas de escala: mostramos como configurar o paralelismo da ferramenta, controlar a concorrência de execuções e distribuir a carga com o uso de pools.

Dedicamos um capítulo completo à implantação do Airflow com Docker, incluindo configuração de volumes, variáveis de ambiente e uso do Docker Compose para replicar ambientes locais. Em seguida, detalhamos o uso do Kubernetes Executor, com templates de pods e escalabilidade automática por tarefa. Complementamos essa parte técnica com a integração com Spark e Hadoop, explorando o SparkSubmitOperator e a conexão com HDFS para grandes volumes de dados.

A partir daí, apresentamos formas de integrar o Airflow com APIs externas por meio do SimpleHttpOperator, ilustrando tanto o envio quanto o consumo de dados via REST. No capítulo sobre testes e debug, orientamos o uso de airflow tasks test, análise de logs, e depuração com breakpoints em IDEs como o VS Code.

Seguimos com o uso de templates Jinja e macros, fundamentais para tornar tarefas dinâmicas e adaptáveis ao tempo de execução. Na sequência, abordamos os mecanismos de segurança da ferramenta: autenticação, controle de acesso com RBAC, proteção de variáveis e boas práticas de configuração segura.

Na parte de automação externa, mostramos como usar a REST API do Airflow para disparar DAGs, consultar execuções, criar variáveis e gerenciar conexões via HTTP. Esse fluxo se conecta diretamente ao capítulo sobre versionamento, onde explicamos como controlar DAGs com Git, estruturar branches por ambiente e configurar pipelines de CI/CD para deploy automatizado.

Com o leitor já preparado para ambientes distribuídos, apresentamos o Celery Executor, explicando sua arquitetura com Redis ou RabbitMQ como brokers, balanceamento entre workers e ajustes de performance. Em seguida, detalhamos o uso de logging remoto com S3, GCS e ELK, além de estratégias de auditoria e retenção de logs.

Nos capítulos finais, abordamos casos reais de orquestração com múltiplos ambientes, integração entre equipes e padronização de fluxos críticos. Por fim, encerramos com práticas de monitoramento contínuo, criação de healthchecks, alertas com Slack e PagerDuty, exposição de métricas via Prometheus e construção de dashboards técnicos com Grafana.

Este livro não apenas ensina o funcionamento do Airflow. Ele orienta, capítulo após capítulo, como utilizar a ferramenta de forma consciente, previsível e alinhada com as exigências de operações reais. A estrutura é pensada para oferecer ao leitor clareza, contexto e aplicação direta — com uma linguagem precisa, modular e rigorosamente prática.

CAPÍTULO 1. PRIMEIROS PASSOS COM APACHE AIRFLOW

Apache Airflow é uma ferramenta de orquestração de workflows que permite automatizar pipelines de dados, modelando cada etapa do fluxo como código. Este capítulo tem como finalidade estabelecer o ambiente local de execução do Airflow, configurar os primeiros elementos da plataforma e apresentar seus conceitos estruturais essenciais.

Execução Básica com Código

A instalação do Airflow deve ser feita dentro de um ambiente virtual Python para garantir isolamento de dependências. O primeiro passo é criar esse ambiente com o venv:

bash

```
python -m venv airflow_venv
```

Ative o ambiente:

bash

```
source airflow_venv/bin/activate  # Linux/macOS
airflow_venv\Scripts\activate    # Windows
```

Com o ambiente ativado, instale o Apache Airflow com as constraints específicas:

bash

```
pip install apache-airflow==2.7.2 --constraint "https://
raw.githubusercontent.com/apache/airflow/constraints-2.7.2/
constraints-3.8.txt"
```

Inicialize o banco de dados interno do Airflow:

bash

```
airflow db init
```

Crie o primeiro usuário administrativo para autenticação na interface Web:

bash

```
airflow users create \
    --username admin \
    --firstname Admin \
    --lastname User \
    --role Admin \
    --email admin@example.com
```

Inicie os serviços essenciais do Airflow:

bash

```
airflow webserver --port 8080
```

Em seguida, em uma nova janela do terminal:

bash

```
airflow scheduler
```

Assim, o ambiente estará acessível em http://localhost:8080 com as credenciais definidas.

Variações Funcionais

O Airflow pode ser instalado com extras específicos para determinados conectores e operadores. Por exemplo, para suporte a PostgreSQL e Google Cloud:

bash

```
pip install "apache-airflow[postgres,google]"
```

Além da instalação local, o Airflow pode ser configurado com Docker utilizando docker-compose, o que permite replicar ambientes e simplificar o deploy. Essa abordagem é recomendada para testes em equipe ou ambientes de homologação.

O backend padrão em ambientes locais é o SQLite, que não suporta execução concorrente. Em produção, deve-se utilizar PostgreSQL ou MySQL como backend e Redis ou RabbitMQ como broker.

Comportamento do Sistema

O Airflow armazena seus metadados em um banco relacional. A execução do comando airflow db init cria tabelas que armazenam DAGs, tarefas, logs, variáveis e conexões.

O scheduler verifica periodicamente os arquivos de DAGs, interpreta as definições de execução e agenda tarefas conforme os critérios definidos. Cada tarefa tem seu status registrado e atualizado de forma contínua. O webserver exibe todas essas informações na interface gráfica, permitindo monitoramento detalhado.

As DAGs devem estar localizadas no diretório ~/airflow/dags/

por padrão. Quando uma DAG é salva nesse diretório, o scheduler identifica, interpreta e registra automaticamente sua existência, desde que não haja erro de sintaxe ou importação.

Controle e Monitoramento

Após instalação e configuração inicial, é possível verificar o estado da instalação com:

bash

```
airflow info
```

Esse comando retorna detalhes como versão, caminho de instalação, configurações de ambiente e status dos componentes.

Para verificar se as DAGs estão sendo reconhecidas corretamente:

bash

```
airflow dags list
```

Para listar as tarefas de uma DAG específica:

bash

```
airflow tasks list nome_da_dag
```

A interface Web também permite visualizar o estado de cada DAG, tempo de execução, status das tarefas e logs detalhados.

Logs podem ser acessados diretamente por meio da interface ou pelo sistema de arquivos no diretório padrão ~/airflow/logs/.

Resolução de Erros Comuns

Erro: DAG não aparece na interface Web
Solução: Verifique se o arquivo está no diretório correto (~/

airflow/dags/) e se não há erro de importação ou sintaxe no código da DAG.

Erro: Scheduler não executa tarefas
Solução: Certifique-se de que o scheduler está em execução e que o horário da DAG está compatível com a configuração de start_date.

Erro: Webserver não inicializa
Solução: Pode ser necessário rodar airflow db init novamente ou revisar as permissões dos arquivos de configuração.

Erro de autenticação na interface
Solução: Recrie o usuário com o comando airflow users create, garantindo a definição correta da senha e do e-mail.

Erro ao utilizar SQLite com múltiplas instâncias
Solução: O SQLite não suporta concorrência de leitura e escrita. Utilize PostgreSQL em ambientes com múltiplos workers.

Boas Práticas

- Instalar Airflow em ambiente virtual isolado

- Utilizar constraints oficiais na instalação

- Verificar os logs após qualquer falha de carregamento de DAG

- Substituir SQLite por PostgreSQL em ambientes compartilhados

- Criar usuários com papéis bem definidos para controle de acesso

Resumo Estratégico

Este primeiro capítulo apresentou o processo completo para instalação local do Apache Airflow com Python, configuração do ambiente inicial, criação de usuário e ativação dos serviços principais: webserver e scheduler. Também foram introduzidos os conceitos fundamentais da ferramenta, como DAGs, tarefas, estrutura de diretórios e acesso à interface Web. Com esse conhecimento estabelecido, o leitor está pronto para definir suas primeiras DAGs no próximo capítulo, iniciando a automação de pipelines reais com o Airflow.

CAPÍTULO 2. CRIANDO SUA PRIMEIRA DAG

Este módulo apresenta a criação da primeira DAG (Directed Acyclic Graph) no Apache Airflow, demonstrando a definição do fluxo de tarefas em Python, os parâmetros essenciais para configuração e a inclusão de múltiplas tarefas sequenciais. Ao final, o leitor será capaz de executar manualmente o pipeline, visualizá-lo na interface gráfica e compreender a interação entre scheduler, DAG e execução das tasks.

Execução Básica com Código

Toda DAG é um arquivo Python salvo no diretório dags/. A estrutura mínima exige a importação dos módulos principais e a definição de um objeto DAG com suas tarefas.

Crie um arquivo chamado primeira_dag.py no diretório ~/airflow/dags/ com o seguinte conteúdo:

python

```python
from airflow import DAG
from airflow.operators.python import PythonOperator
from datetime import datetime


def tarefa_exemplo():
    print("Executando tarefa exemplo")
```

```python
with DAG(
    dag_id='minha_primeira_dag',
    start_date=datetime(2024, 1, 1),
    schedule_interval=None,
    catchup=False,
    tags=['exemplo']
) as dag:

    tarefa1 = PythonOperator(
        task_id='executar_tarefa',
        python_callable=tarefa_exemplo
    )
```

O código define uma DAG sem agendamento (schedule_interval=None), com apenas uma tarefa executando uma função Python.

Para executar manualmente a DAG via terminal:

bash

```bash
airflow dags trigger minha_primeira_dag
```

Para visualizar a execução:

bash

```bash
airflow tasks list minha_primeira_dag
```

Acompanhe o status pela interface Web: http://localhost:8080

Variações Funcionais

É possível incluir múltiplas tarefas encadeadas para simular um pipeline simples. Abaixo, um exemplo com três tarefas em sequência:

python

```python
def tarefa_1():
    print("Início do pipeline")


def tarefa_2():
    print("Processamento intermediário")


def tarefa_3():
    print("Finalização do pipeline")


with DAG(
    dag_id='pipeline_simples',
    start_date=datetime(2024, 1, 1),
    schedule_interval=None,
    catchup=False
) as dag:

    t1 = PythonOperator(
        task_id='inicio',
```

```
        python_callable=tarefa_1
    )

    t2 = PythonOperator(
        task_id='processamento',
        python_callable=tarefa_2
    )

    t3 = PythonOperator(
        task_id='fim',
        python_callable=tarefa_3
    )


    t1 >> t2 >> t3
```

A operação `>>` define a ordem de execução entre tarefas. Essa DAG pode ser disparada manualmente e todas as etapas serão executadas na sequência definida.

Comportamento do Sistema

Ao salvar o arquivo da DAG, o scheduler detecta automaticamente sua presença. O sistema verifica se a DAG tem um `dag_id` único, um `start_date` válido e tarefas corretamente definidas. O Airflow valida a sintaxe do arquivo, registra no banco de metadados e exibe na interface gráfica.

Tarefas executadas manualmente são registradas como "triggered runs" e exibidas com data de execução e status. Cada tarefa gera logs armazenados em `~/airflow/logs/<dag_id>/`

`<task_id>/<execution_date>/.`

A transição entre tarefas obedece ao grafo acíclico definido, e cada etapa só executa após a anterior ser concluída com sucesso.

Controle e Monitoramento

Após o trigger da DAG, é possível acompanhar a execução diretamente pela interface Web. No menu lateral, clique em DAGs, depois selecione pipeline_simples e clique em "Graph View" para ver a ordem das tarefas.

O botão "Trigger DAG" permite iniciar manualmente a execução. O botão "Refresh" força a leitura dos arquivos de DAGs, útil após alterações.

Cada tarefa possui botão de "Log", que exibe a saída da função Python, incluindo prints e mensagens de erro.

Para monitorar via terminal:

bash

```
airflow tasks list pipeline_simples
airflow tasks test pipeline_simples inicio 2024-01-01
```

Esse segundo comando permite testar uma task isolada em um contexto simulado.

Resolução de Erros Comuns

Erro: DAG não aparece na interface
Verifique se o nome do arquivo termina com .py e está salvo no diretório correto (~/airflow/dags/).

Erro de importação no arquivo Python
Solução: Confirme se todos os imports estão corretos, especialmente DAG e PythonOperator.

Erro: tarefa não executa após trigger manual
Solução: revise o start_date da DAG e certifique-se de que

catchup está definido como False.

Erro: mensagem de erro "Task is not mapped"
Solução: verifique se a tarefa foi adicionada corretamente ao bloco with DAG(...) as dag.

Erro: execução travada em "queued"
Solução: confirme se o scheduler está em execução e se não há conflitos com outras DAGs em execução.

Boas Práticas

- Nomear DAGs e tarefas de forma descritiva e padronizada

- Evitar start_date no futuro para facilitar testes locais

- Utilizar catchup=False para evitar execuções retroativas não desejadas

- Incluir tags nas DAGs para organização na interface

- Isolar cada DAG em um único arquivo Python no diretório dags/

Resumo Estratégico

Neste capítulo foi criada a primeira DAG funcional no Apache Airflow. O leitor aprendeu a estruturar tarefas sequenciais, definir parâmetros essenciais da DAG, executar manualmente o pipeline e monitorar sua execução via interface Web. Essa base permitirá, nos próximos capítulos, aprofundar o uso de operadores nativos, regras de dependência, parâmetros avançados e integrações com ambientes externos. O domínio da criação da DAG é o primeiro passo para orquestrar pipelines de dados com controle total sobre cada etapa.

CAPÍTULO 3. OPERADORES ESSENCIAIS NO AIRFLOW

O Airflow organiza a execução de tarefas por meio de operadores. Cada operador representa uma ação específica que será realizada dentro de uma DAG. Os operadores mais utilizados são o BashOperator, PythonOperator e EmailOperator, cada um com comportamentos, requisitos e aplicações diferentes, mas todos obedecem ao mesmo princípio: encapsular a lógica de execução de uma etapa do pipeline.

A construção correta de operadores e o encadeamento eficaz entre eles é o núcleo de uma DAG funcional. A compreensão das particularidades de cada tipo é fundamental para garantir que o fluxo se comporte conforme esperado, sem falhas, retrabalho ou sobrecarga do sistema.

BashOperator, PythonOperator, EmailOperator

O BashOperator executa comandos diretamente no shell do sistema. Ele é ideal para tarefas simples, como cópias de arquivos, chamadas a scripts shell, execução de ferramentas locais ou comandos externos que não exigem lógica condicional em Python.

Exemplo básico com BashOperator:

python

```
from airflow.operators.bash import BashOperator


comando = BashOperator(
```

```
task_id='comando_shell',

bash_command='echo "Executando via BashOperator"',

dag=dag
)
```

O parâmetro bash_command define a instrução que será executada no shell. Esse comando será disparado quando o operador for chamado na DAG.

O PythonOperator é usado para executar funções Python diretamente. É o operador mais flexível e frequentemente utilizado em pipelines com lógica de negócio, transformações, validações e interações com bibliotecas personalizadas.

python

```
from airflow.operators.python import PythonOperator


def processar_dados():
    print("Processando com Python")


tarefa_python = PythonOperator(
    task_id='tarefa_python',
    python_callable=processar_dados,
    dag=dag
)
```

O python_callable deve ser sempre uma função, e não o resultado da chamada da função. Ele será executado internamente no contexto da DAG com argumentos como

**kwargs, caso desejado.

O EmailOperator é utilizado para enviar e-mails diretamente a partir de uma task. Ele pode ser usado para alertas, relatórios e confirmações de execução.

python

```python
from airflow.operators.email import EmailOperator

email = EmailOperator(
    task_id='enviar_email',
    to='usuario@exemplo.com',
    subject='Execução Finalizada',
    html_content='<p>A DAG foi concluída com sucesso.</p>',
    dag=dag
)
```

Este operador exige que o backend de email esteja corretamente configurado no airflow.cfg, incluindo servidor SMTP, porta, usuário e senha, ou a configuração equivalente no airflow.yaml.

Parâmetros Obrigatórios e Uso Típico

Todos os operadores herdam da classe base BaseOperator e compartilham certos parâmetros essenciais:

- task_id: Identificador único da tarefa dentro da DAG

- dag: Referência ao objeto DAG em que está inserido (pode ser omitido se estiver dentro do bloco with)

- depends_on_past: Define se a task depende do sucesso da execução anterior

- retries: Número de tentativas em caso de falha

- retry_delay: Intervalo entre as tentativas

Além disso, cada operador tem parâmetros específicos. O BashOperator exige bash_command, o PythonOperator exige python_callable, e o EmailOperator exige to, subject e html_content.

O uso típico envolve definir múltiplos operadores com funções distintas e encadeá-los para compor o pipeline.

Encadeamento entre tarefas com operadores distintos:

A forma mais comum de encadear tarefas no Airflow é utilizando os operadores de fluxo >> e <<. Eles indicam a ordem de execução entre tarefas:

python

```
tarefa1 >> tarefa2 >> tarefa3
```

Ou usando o método set_downstream e set_upstream:

python

```
tarefa1.set_downstream(tarefa2)
```

Misturar diferentes operadores em uma DAG é uma prática comum e recomendada. Por exemplo, pode-se usar um BashOperator para extrair dados, um PythonOperator para processar, e um EmailOperator para notificar a equipe.

python

```
extrair = BashOperator(...)

transformar = PythonOperator(...)

notificar = EmailOperator(...)
```

extrair >> transformar >> notificar

Comportamento na Execução

Durante a execução, cada operador é interpretado pelo scheduler, que insere a tarefa na fila de execução conforme o horário definido e a lógica do DAG. O executor (por exemplo, SequentialExecutor, LocalExecutor, CeleryExecutor) trata cada operador como uma unidade autônoma.

O BashOperator abre uma subprocess shell no worker e executa o comando. A saída padrão é capturada nos logs. O PythonOperator executa a função diretamente no processo do worker. O EmailOperator dispara uma conexão com o servidor SMTP e envia o email.

Em caso de falha, os operadores obedecem à política de retry definida, armazenam os logs do erro e alteram o status da task para failed, up_for_retry ou skipped, dependendo da configuração.

A combinação correta entre operadores deve considerar:

- Tempo de execução esperado

- Impacto em recursos do worker

- Dependência de rede externa (como SMTP no EmailOperator)

- Tamanho dos logs e sensibilidade da informação trafegada

Resolução de Erros Comuns

Erro de importação de operador
Solução: verifique se está utilizando o caminho de importação

correto, como from airflow.operators.bash import BashOperator ou from airflow.operators.python import PythonOperator.

Erro: task não executa corretamente
Solução: Confirme se todos os parâmetros obrigatórios estão definidos e se o operador está associado a uma DAG válida.

Erro: problema de encoding em comandos shell
Solução: inclua codificações explícitas no BashOperator quando usar acentos ou caracteres especiais.

Erro: falha ao enviar email
Solução: revise as configurações SMTP no arquivo airflow.cfg ou defina variáveis de ambiente apropriadas.

Erro: task falha silenciosamente sem log útil
Solução: garanta que a função do PythonOperator não contenha erros silenciosos como retornos vazios ou exceções sem tratamento.

Boas Práticas

- Usar operadores nativos do Airflow sempre que possível, evitando scripts externos desnecessários

- Nomear operadores com task_id descritivos e consistentes

- Separar lógica complexa de funções Python para fora do arquivo de DAG

- Testar comandos do BashOperator manualmente antes de incluir na DAG

- Validar configuração de email com testes fora do Airflow antes de usar o EmailOperator

Resumo Estratégico

Operadores são a base de execução das DAGs no Airflow. O

uso correto do BashOperator, PythonOperator e EmailOperator permite criar fluxos robustos, flexíveis e monitoráveis. A compreensão dos parâmetros, formas de encadeamento e comportamento durante a execução fornece total controle sobre cada etapa do pipeline. A escolha do operador adequado para cada tarefa influencia diretamente a confiabilidade e eficiência da orquestração. A base agora está pronta para avançar em componentes de variáveis e conexões no próximo estágio da construção de pipelines inteligentes.

CAPÍTULO 4. TRABALHANDO COM VARIÁVEIS E CONEXÕES

A manipulação de variáveis e conexões no Apache Airflow é fundamental para criar DAGs reutilizáveis, seguras e escaláveis. Esses dois recursos permitem desacoplar configurações do código, facilitar a manutenção e promover a portabilidade dos pipelines entre ambientes distintos. Variáveis armazenam valores dinâmicos acessíveis dentro das tasks, enquanto conexões centralizam as credenciais e dados de acesso a sistemas externos, como bancos de dados, APIs, buckets de armazenamento e serviços em nuvem.

Criação de Variáveis no Airflow UI

O Airflow possui uma interface gráfica intuitiva para criação e gerenciamento de variáveis. Para acessar essa funcionalidade, clique em "Admin" no menu superior e depois em "Variables". É possível criar uma nova variável clicando em "+" no canto superior direito.

Cada variável é composta por uma chave (Key) e um valor (Value). Essa estrutura permite centralizar configurações que podem ser lidas dentro do código das DAGs usando o módulo Variable. É possível salvar textos simples, caminhos de diretórios, strings de conexão, tokens de API ou até objetos JSON, desde que bem formatados.

A interface permite também importar e exportar variáveis em formato JSON. Isso facilita a replicação entre ambientes de desenvolvimento, homologação e produção.

Armazenamento Seguro de Credenciais

Variáveis não devem ser utilizadas para armazenar diretamente senhas ou tokens sensíveis, embora tecnicamente isso seja possível. O Airflow oferece mecanismos mais adequados para isso: as conexões, que suportam campos marcados como "escondidos" e armazenam dados criptografados no banco de metadados.

Ao utilizar variáveis com informações sensíveis, é necessário configurar a criptografia no airflow.cfg com uma fernet_key válida. Essa chave permite ao Airflow criptografar automaticamente os valores antes de armazená-los e descriptografar apenas no momento da leitura pela DAG. Mesmo assim, a melhor prática é delegar esse tipo de dado às conexões, que são nativamente preparadas para esse propósito.

É recomendável ativar a configuração hide_sensitive_var_conn_fields = True no airflow.cfg para evitar exposição acidental de credenciais na interface Web ou nos logs.

Uso do Módulo Variable

O módulo airflow.models.Variable permite acessar variáveis diretamente no código Python da DAG. Para isso, é necessário importar o módulo e utilizar o método get.

Exemplo de uso:

python

```
from airflow.models import Variable


caminho_dados = Variable.get("caminho_base_dados")
```

O comando busca o valor associado à chave caminho_base_dados e armazena na variável Python caminho_dados.

Também é possível definir um valor padrão, retornado caso a variável não exista:

python

```
endpoint = Variable.get("api_endpoint", default_var="https://
api.default.com")
```

Para variáveis em formato JSON:

python

```
parametros = Variable.get("parametros_batch",
deserialize_json=True)
```

Essa abordagem é útil para armazenar múltiplos parâmetros em um único registro, otimizando a gestão e o versionamento.

Configuração de Conexões (Connection IDs)

Conexões no Airflow representam integrações com fontes externas. Cada conexão tem um ID único (conn_id) que será referenciado na DAG. As conexões são acessadas via menu "Admin" > "Connections".

Ao criar uma nova conexão, preencha os campos:

- Conn Id: identificador da conexão usado nas DAGs

- Conn Type: tipo da conexão (Postgres, MySQL, HTTP, Amazon S3 etc.)

- Host, Schema, Login, Password, Port: dados específicos da conexão

- Extra: campo JSON opcional com parâmetros adicionais

Conexão PostgreSQL:

- **Conn Id:** postgres_analytics

- **Conn Type:** Postgres

- **Host:** 10.0.1.55

- **Schema:** dados_publicos

- **Login:** admin

- **Password:** senhaSegura123

- **Port:** 5432

No código da DAG, a conexão é referenciada por meio de operadores que suportam esse tipo de integração. Modelo com o PostgresOperator:

python

```python
from airflow.providers.postgres.operators.postgres import PostgresOperator


executar_sql = PostgresOperator(
    task_id='consultar_base',
    postgres_conn_id='postgres_analytics',
    sql='SELECT * FROM vendas',
    dag=dag
)
```

O Airflow se encarrega de utilizar as credenciais corretamente, evitando expor informações sensíveis no código.

Conexões também podem ser criadas via linha de comando:

bash

```
airflow connections add 'meu_banco' \
    --conn-uri 'postgresql://usuario:senha@host:5432/esquema'
```

Essa prática permite automação da configuração em ambientes com deploy contínuo.

Resolução de Erros Comuns

Erro: variável não encontrada no código
Solução: garanta que a chave da variável digitada no Variable.get() coincide exatamente com a registrada na interface. O Airflow é case-sensitive.

Erro de decodificação JSON ao usar deserialize_json=True
Solução: certifique-se de que o valor da variável é um JSON válido. Evite vírgulas extras e aspas incorretas.

Erro: senha visível na interface ou logs
Solução: evite armazenar credenciais em variáveis. Prefira conexões com campos ocultos e criptografia habilitada.

Erro: conexão falha ao tentar executar operador
Solução: revise os campos preenchidos na configuração da conexão. Certifique-se de que o Conn Id corresponde exatamente ao valor utilizado no operador.

Erro: campo extra mal formatado
Solução: o campo extra deve conter um JSON válido. Utilize ferramentas de validação antes de salvar a configuração.

Boas Práticas

- Utilizar variáveis apenas para dados de configuração e não para segredos

- Centralizar todos os caminhos de arquivos e endpoints em

variáveis com nomes padronizados

- Criar conexões nomeadas de forma clara, separando por ambiente e propósito

- Habilitar criptografia com fernet_key para proteção de dados sensíveis

- Evitar hardcoded de parâmetros no código da DAG, sempre que possível usar Variable ou Connection

Resumo Estratégico

O uso de variáveis e conexões no Apache Airflow promove organização, reutilização e segurança em pipelines de dados. Variáveis permitem parametrizar tarefas sem modificar o código, enquanto conexões centralizam as credenciais e reduzem o risco de exposição de dados sensíveis. A utilização técnicas dessas ferramentas garante portabilidade entre ambientes e facilita a manutenção de DAGs complexas. A combinação de ambos os recursos resulta em workflows mais limpos, profissionais e preparados para operação contínua em ambientes de produção.

CAPÍTULO 5. TRIGGER RULES E DEPENDÊNCIAS

A execução de tarefas em uma DAG do Airflow não depende apenas da sequência em que foram declaradas, mas também das regras de disparo, conhecidas como *trigger rules*. Esses critérios controlam quando uma tarefa pode ser executada com base no estado das tarefas anteriores. Compreender e configurar corretamente as dependências e regras de execução é essencial para a construção de fluxos robustos, tolerantes a falhas e adaptáveis a cenários complexos de dados.

Definição de Regras de Execução

Por padrão, uma task no Airflow só será executada se todas as tasks predecessoras forem bem-sucedidas. Esse comportamento é definido pela regra all_success, que é o *trigger rule* padrão do sistema. No entanto, existem diversos outros modos de controle que permitem executar tarefas mesmo quando há falhas anteriores, desde que determinadas condições sejam atendidas.

As principais *trigger rules* disponíveis são:

- all_success: executa a tarefa somente se todas as anteriores tiverem sucesso

- all_failed: executa apenas se todas as predecessoras falharem

- all_done: executa independentemente do resultado das predecessoras

- one_success: executa se pelo menos uma predecessora tiver sucesso

- one_failed: executa se pelo menos uma predecessora falhar

- none_failed: executa se nenhuma predecessora falhar (mesmo que alguma não tenha sido executada)

- none_failed_or_skipped: executa se nenhuma predecessora falhar ou for ignorada

- none_skipped: executa se nenhuma predecessora tiver sido ignorada

- dummy: usada para tarefas que não devem ser executadas, apenas utilizadas para encadeamento lógico

Tais regras podem ser atribuídas diretamente na definição de uma task, utilizando o argumento trigger_rule.

Uso de trigger_rule no Contexto Real

Em pipelines que envolvem etapas opcionais ou com lógica condicional, as regras de execução são fundamentais. Um caso comum é o envio de alertas somente se houver falhas anteriores.

python

```python
from airflow.operators.email import EmailOperator
from airflow.utils.trigger_rule import TriggerRule


alerta_falha = EmailOperator(
    task_id='enviar_alerta',
    to='devops@empresa.com',
    subject='Erro no pipeline',
```

```
    html_content='Uma das tarefas falhou.',
    trigger_rule=TriggerRule.ONE_FAILED,
    dag=dag
)
```

Nesse exemplo, o operador de email será executado se pelo menos uma tarefa anterior falhar. Isso evita que alertas sejam enviados desnecessariamente e garante foco em execuções problemáticas.

Outro cenário comum é a utilização de tarefas de limpeza, que devem rodar sempre, independentemente do sucesso ou falha das etapas anteriores. Para isso, usa-se all_done.

python

```
limpeza = PythonOperator(
    task_id='limpar_arquivos',
    python_callable=limpar_temp,
    trigger_rule='all_done',
    dag=dag
)
```

Configuração de Dependências Condicionais

Além de definir as regras de execução, é possível encadear tarefas de forma condicional, controlando o fluxo de acordo com o resultado das anteriores. Um recurso comum é o uso do BranchPythonOperator, que permite escolher qual caminho a DAG seguirá com base em uma decisão lógica.

python

```
from airflow.operators.python import BranchPythonOperator
```

```
def escolher_caminho():
    if verificar_condicao():
        return 'tarefa_caminho_a'
    else:
        return 'tarefa_caminho_b'

branch = BranchPythonOperator(
    task_id='decidir_fluxo',
    python_callable=escolher_caminho,
    dag=dag
)
```

O retorno da função deve ser o task_id da próxima tarefa a ser executada. As demais tarefas serão ignoradas (skipped) automaticamente, e as regras de *trigger* passam a ser fundamentais para que tarefas seguintes saibam quando devem ser executadas, mesmo diante de caminhos não percorridos.

Também é possível combinar múltiplos caminhos com dummy ou empty operators para consolidar o fluxo em uma tarefa final.

Interpretação de Falhas no Encadeamento

Falhas em tarefas intermediárias afetam diretamente a execução das etapas seguintes. Quando uma tarefa falha, seu estado é registrado como failed. Se uma tarefa seguinte estiver com trigger_rule=all_success, ela não será executada até que todas as predecessoras sejam concluídas com sucesso.

Se uma tarefa anterior for ignorada (skipped) — por exemplo, após uma ramificação condicional — e a próxima estiver com trigger_rule=all_success, ela também será ignorada. Para forçar a execução mesmo com caminhos ignorados, deve-se usar none_skipped ou none_failed_or_skipped.

A interface Web exibe visualmente os estados de cada task e indica claramente se a execução foi bloqueada por não cumprimento da regra de *trigger*. Isso é útil para debugar o comportamento de DAGs com múltiplos caminhos e tarefas opcionais.

Além disso, é importante observar o log da tarefa, onde o motivo da não execução é descrito com base no não atendimento das regras de *trigger*.

Resolução de Erros Comuns

Erro: tarefa não executa mesmo após tarefas anteriores completarem
Solução: verifique se a trigger_rule é compatível com os resultados anteriores. O padrão all_success exige 100% de sucesso.

Erro: tarefa pulada sem motivo aparente
Solução: em DAGs com BranchPythonOperator, todas as tarefas fora do caminho retornado são ignoradas automaticamente. Use dummy ou altere a lógica de fluxo para evitar que tarefas sejam desconsideradas.

Erro: tarefa de limpeza não executa após falha anterior
Solução: utilize trigger_rule='all_done' para garantir a execução de tarefas finais, como limpeza de arquivos ou envio de relatórios.

Erro ao referenciar TriggerRule no código
Solução: verifique se o módulo TriggerRule foi corretamente importado: from airflow.utils.trigger_rule import TriggerRule.

Erro: fluxo de execução incompleto ou incoerente
Solução: revise o encadeamento lógico entre tarefas e valide cada task_id no gráfico da DAG. Fluxos com muitas ramificações

podem exigir regras específicas para consolidar a execução final.

Boas Práticas

- Aplicar all_done para tarefas de encerramento que devem sempre rodar

- Utilizar one_failed para envio de alertas apenas quando necessário

- Preferir none_failed_or_skipped em tarefas finais após fluxos com ramificação

- Validar visualmente o fluxo no Graph View após configurar regras de trigger

- Incluir comentários explicativos no código ao usar regras não convencionais de execução

Resumo Estratégico

As regras de execução e dependência no Apache Airflow definem o comportamento dinâmico e resiliente das DAGs. O domínio do uso de *trigger rules* permite criar pipelines inteligentes, adaptáveis a múltiplos cenários e com respostas apropriadas a falhas, ramificações e finalizações condicionais. A correta configuração dessas regras impacta diretamente a confiabilidade da orquestração, evitando execuções desnecessárias ou comportamentos inesperados. Com essas práticas estabelecidas, os workflows se tornam mais previsíveis, seguros e preparados para ambientes operacionais críticos.

CAPÍTULO 6. AGENDAMENTOS E INTERVALOS DE EXECUÇÃO

O controle do tempo de execução de uma DAG no Apache Airflow é feito por meio de agendamentos precisos, definidos em expressões cron ou objetos timedelta. A definição correta desses intervalos é essencial para garantir que os workflows sejam executados no momento esperado, sem atrasos, duplicações ou omissões. Além disso, compreender os conceitos de start_date, execution_date, backfill e catchup evita confusões comuns sobre o comportamento real das DAGs agendadas.

Cron e timedelta

O Airflow permite dois formatos principais para definir o intervalo de execução de uma DAG: expressões cron e timedelta.

A expressão cron segue o padrão UNIX com cinco campos:

python

```
schedule_interval = '0 6 * * *' # Todos os dias às 06:00
```

Essa configuração define que a DAG será executada diariamente às 6 da manhã. Outros exemplos úteis:

- '@daily': uma vez por dia

- '@hourly': a cada hora

- '0 0 * * 0': todos os domingos à meia-noite

- '30 9 * * 1-5': às 09:30 de segunda a sexta

É possível utilizar objetos timedelta para intervalos fixos em segundos, minutos, horas ou dias:

python

```
from datetime import timedelta
```

```
schedule_interval = timedelta(hours=2) # Executa a cada 2 horas
```

O Airflow interpreta esses valores como o intervalo entre execuções, não como um relógio exato. Por isso, o entendimento do momento real da execução requer atenção ao uso do start_date.

Horários de Início e Fim

O campo start_date define o instante exato a partir do qual o scheduler deve começar a considerar execuções para uma DAG. Esse valor precisa ser sempre um datetime explícito com timezone, de preferência UTC, evitando ambiguidades.

python

```
from datetime import datetime
```

```
start_date = datetime(2024, 1, 1, 0, 0) # Início da contagem de execuções
```

O Airflow não executa a DAG no start_date. Ele considera esse valor como o momento de referência para agendar a primeira execução, que será baseada no execution_date.

Além disso, é possível definir um end_date para limitar o intervalo de agendamentos. A DAG será desativada após essa data.

python

```
end_date = datetime(2024, 12, 31)
```

A definição correta de start_date e schedule_interval evita execuções inesperadas ou múltiplas execuções retroativas no primeiro carregamento.

Start_date vs. execution_date

Esse é um dos conceitos mais importantes e frequentemente mal compreendidos no Airflow. O start_date representa quando a DAG deve começar a ser avaliada para execução. Já o execution_date é a data atribuída à execução da DAG, indicando o período que está sendo processado.

Por exemplo, uma DAG com schedule_interval='@daily' e start_date=datetime(2024, 1, 1) terá sua primeira execução no dia 2 de janeiro, com execution_date de 1 de janeiro. Isso ocorre porque a DAG sempre executa *depois* do período que representa.

O modelo é essencial para garantir reprocessamento correto de dados históricos e gerar consistência em pipelines de data warehouse.

Backfill e Catchup

O Airflow permite que DAGs executem períodos retroativos automaticamente. Essa funcionalidade é chamada de backfill, e seu controle é feito pelo parâmetro catchup.

Por padrão, catchup=True. Isso significa que, ao ativar uma DAG, o Airflow tentará agendar execuções para todos os períodos entre o start_date e a data atual, respeitando o schedule_interval.

Exemplo: se uma DAG com @daily foi criada com start_date=datetime(2024, 1, 1) e ativada apenas em 5 de janeiro, o Airflow tentará executar cinco runs com os execution_dates de 1 a 5 de janeiro.

Para desativar esse comportamento:

python

```
catchup = False
```

Com catchup=False, a DAG será executada somente a partir do momento em que for ativada, ignorando o histórico.

A configuração é recomendada para DAGs que processam dados em tempo real ou que não precisam de reprocessamento.

Resolução de Erros Comuns

Erro: DAG não executa na data esperada
Solução: Verifique se a start_date não está definida como uma data futura em relação ao clock do sistema. O Airflow só agenda DAGs com start_date anterior à data atual.

Erro: execução múltipla inesperada ao ativar a DAG
Solução: Isso ocorre devido ao catchup=True. Se não desejar execuções retroativas, defina catchup=False.

Erro: confusão com execution_date e hora real de execução
Solução: O execution_date representa o período de dados, e não o momento da execução. A DAG com execution_date=2024-01-01 será executada no dia 2 de janeiro.

Erro ao utilizar timedelta com formato inválido
Solução: sempre utilize o módulo datetime.timedelta para definir intervalos personalizados, evitando valores como strings ou números inteiros diretamente.

Erro: agendamento fora de hora com cron mal definido
Solução: use ferramentas de validação online para confirmar

que a expressão cron reflete o horário desejado. Um erro comum é inverter minuto e hora no padrão min hora dia mês dia_da_semana.

Boas Práticas

- Definir start_date com clareza, sempre no passado e em UTC

- Utilizar catchup=False em DAGs em tempo real ou que não exigem reprocessamento

- Preferir expressões cron validadas para horários comerciais, horários não congestionados ou janelas específicas

- Evitar start_date=datetime.now() pois gera comportamentos imprevisíveis

- Documentar claramente o impacto do agendamento na lógica de negócio dos dados

Resumo Estratégico

O controle de agendamento e intervalo de execução no Apache Airflow é um dos pilares do funcionamento correto dos pipelines. A clareza na definição de schedule_interval, o entendimento das diferenças entre start_date e execution_date, e o uso consciente de catchup e backfill determinam se os dados serão processados no tempo certo e com a frequência adequada. Dominar esses conceitos garante confiabilidade operacional, previsibilidade na orquestração e alinhamento com as janelas de processamento do negócio.

CAPÍTULO 7. XCOMS: COMUNICAÇÃO ENTRE TAREFAS

XCom (cross-communication) é o mecanismo nativo do Apache Airflow para troca de informações entre tarefas dentro de uma mesma DAG. Ele permite que uma task envie dados temporários para outra, viabilizando uma execução encadeada com passagem de valores, resultados intermediários e metadados relevantes. Embora útil, o uso de XComs exige critérios técnicos bem definidos, pois envolve serialização de dados e impacto direto no banco de metadados do Airflow.

Introdução ao uso de XCom

O funcionamento do XCom baseia-se na ideia de que tarefas podem "empurrar" (push) e "puxar" (pull) dados uns dos outros, usando uma estrutura de chave e valor. Esses registros são armazenados no banco de metadados da aplicação e são consultáveis por meio do código Python ou da interface Web.

O objetivo do XCom é permitir que os resultados de uma tarefa estejam disponíveis para outras, facilitando o encadeamento de lógicas dinâmicas sem precisar recorrer a sistemas externos de cache ou banco de dados. É um mecanismo leve, rápido e integrado ao contexto de execução da DAG.

Métodos xcom_push() e xcom_pull()

Os dois métodos principais para trabalhar com XComs são xcom_push() e xcom_pull(). Ambos são acessíveis por meio do objeto de contexto da tarefa (**context), passado automaticamente para funções do PythonOperator com o parâmetro provide_context=True (em versões anteriores) ou diretamente via kwargs.

Exemplo de uso do xcom_push():

python

```python
def gerar_valor(**kwargs):
    kwargs['ti'].xcom_push(key='resultado', value=42)
```

Essa função insere um valor no XCom com a chave 'resultado'. O parâmetro ti é o TaskInstance, que representa a execução da task naquele momento. Esse dado agora pode ser acessado por outra tarefa.

A tarefa que irá recuperar o valor utiliza xcom_pull():

python

```python
def usar_valor(**kwargs):
    valor = kwargs['ti'].xcom_pull(task_ids='gerar_valor', key='resultado')
    print(f'O valor recebido foi: {valor}')
```

O parâmetro task_ids indica de qual task o valor será puxado, e key indica qual chave buscar. Se a chave for omitida, o Airflow tentará puxar o valor padrão.

É possível também usar return de funções Python como forma de push automático. Quando uma função chamada por um PythonOperator retorna algo, esse valor é armazenado automaticamente no XCom com a chave return_value.

python

```python
def retornar_numero():
    return 100
```

O valor pode ser recuperado na task seguinte usando:

python

```
valor = kwargs['ti'].xcom_pull(task_ids='retornar_numero')
```

Armazenamento e Leitura de Dados Temporários

O XCom armazena seus dados na tabela xcom do banco de metadados, com colunas como key, value, execution_date e task_id. Todos os valores são serializados, por padrão, com o módulo pickle. Por isso, é importante que os objetos sejam simples e serializáveis, como inteiros, strings, listas ou dicionários.

Dados grandes ou complexos podem causar lentidão, erros de serialização ou impactos na performance do banco. O uso ideal do XCom é para passagem de pequenas estruturas que precisam ser consumidas imediatamente por outras tasks.

É possível visualizar os registros diretamente na interface Web, dentro do menu "XComs" de cada DAG. Esse recurso é útil para debugar o comportamento entre tarefas e validar se os dados estão sendo transferidos corretamente.

Riscos e Cuidados com Uso Excessivo

Embora XCom seja conveniente, seu uso indiscriminado pode gerar problemas operacionais. Alguns dos principais riscos incluem:

- Acúmulo excessivo de registros no banco de metadados, impactando performance

- Serialização de objetos não compatíveis, como conexões, arquivos ou funções

- Concorrência entre tasks escrevendo ou lendo as mesmas chaves

- Dificuldade de rastreamento em DAGs com múltiplas dependências e valores ambíguos

- Possibilidade de vazamento de dados sensíveis se não houver controle do conteúdo armazenado

Por isso, recomenda-se sempre nomear as chaves de forma descritiva e única, limitar o tamanho dos dados e evitar depender de XComs como camada principal de integração entre tasks.

Além disso, tarefas que operam com dados sensíveis devem ser cautelosas ao armazenar qualquer informação nos registros de XCom, pois eles podem ser acessados por administradores e ficam registrados no sistema.

Resolução de Erros Comuns

Erro de serialização ao tentar salvar objeto complexo
Solução: Utilize apenas tipos de dados simples e compatíveis com pickle. Evite objetos de classes customizadas ou conexões.

Erro: valor retornado é None ao fazer xcom_pull
Solução: Verifique se a task anterior foi executada com sucesso e se a chave especificada existe. Pode ser necessário aguardar o término da execução.

Erro: dados não aparecem na interface Web
Solução: apenas registros gerados por xcom_push() ou return são exibidos. Logs ou prints não afetam os XComs.

Erro: chave sobrescrita por múltiplas tarefas
Solução: garanta que os task_ids e as keys sejam únicos por task. Evite depender de uma mesma chave para múltiplas origens.

Erro ao puxar valor de task que ainda não executou

Solução: o Airflow não sincroniza automaticamente as tasks. Certifique-se de que a dependência entre as tarefas está corretamente definida com `>>`.

Boas Práticas

- Utilizar `xcom_push()` apenas para dados essenciais e transitórios

- Prefira `return` simples para passagem de resultados quando possível

- Definir `key` de forma explícita e padronizada para facilitar a leitura e debug

- Evitar objetos grandes ou sensíveis em valores de XCom

- Limitar o escopo do uso de XCom para comunicação curta, não como banco intermediário de dados

Resumo Estratégico

XCom é um recurso poderoso e prático do Airflow para permitir que tarefas compartilhem dados temporários durante a execução de uma DAG. Seu uso adequado facilita a criação de pipelines dinâmicos, com lógica condicional e acoplamento inteligente entre etapas. Porém, seu uso excessivo ou incorreto pode comprometer a performance, a segurança e a previsibilidade do sistema. Compreender o funcionamento de `xcom_push()` e `xcom_pull()`, estabelecer boas práticas de serialização e manter disciplina na estrutura das DAGs garante uma comunicação eficiente e segura entre tarefas orquestradas.

CAPÍTULO 8. UTILIZANDO BRANCHING COM BRANCHPYTHONOPERATOR

Branching é o recurso que permite a execução condicional de caminhos diferentes em uma DAG, com base em decisões programáticas definidas em tempo de execução. No Apache Airflow, o operador responsável por essa funcionalidade é o BranchPythonOperator, que atua como um desvio lógico dentro do pipeline, decidindo qual ou quais tarefas devem ser executadas em seguida, a partir de critérios definidos pelo desenvolvedor. Essa abordagem é fundamental para criar workflows dinâmicos, adaptáveis e com controle granular sobre a lógica de negócios.

Execução Condicional de Tarefas

Em uma DAG linear tradicional, todas as tarefas são executadas em sequência ou em paralelo, de acordo com as dependências definidas. Quando há a necessidade de seguir caminhos diferentes com base em condições, o branching entra em ação. A lógica condicional é escrita em uma função Python, que retorna um ou mais task_ids das tarefas que deverão ser executadas após a decisão.

Esse tipo de estrutura é comum em pipelines que envolvem múltiplas fontes de dados, tipos de processamento distintos, validações de contexto ou estratégias alternativas de execução.

Retorno de Nomes de Tarefas Válidos

A função atribuída ao BranchPythonOperator precisa retornar

uma string com o task_id da próxima tarefa a ser executada, ou uma lista de strings caso mais de uma tarefa seja ativada simultaneamente. As tarefas não escolhidas são automaticamente marcadas como skipped pelo scheduler e não serão executadas, a menos que haja uma trigger_rule personalizada.

Exemplo simples com retorno de tarefa única:

python

```python
def escolher_tarefa():
    condicao = verificar_parametros()
    if condicao:
        return 'tarefa_a'
    return 'tarefa_b'
```

Para múltiplas tarefas:

python

```python
def multiplos_destinos():
    return ['tarefa_1', 'tarefa_2']
```

Os task_ids devem corresponder exatamente aos identificadores das tarefas declaradas na DAG. Qualquer erro de digitação ou inconsistência impedirá a execução e resultará em falhas silenciosas ou comportamento imprevisível.

Implementação de Caminhos Lógicos

A implementação prática começa com a definição do operador de ramificação. O BranchPythonOperator é configurado com os parâmetros padrão, além de python_callable, que deve apontar para a função de decisão.

python

from airflow.operators.python import BranchPythonOperator

```python
branch = BranchPythonOperator(
    task_id='escolher_caminho',
    python_callable=escolher_tarefa,
    dag=dag
)
```

Depois, os caminhos alternativos são definidos:

python

```python
tarefa_a = PythonOperator(
    task_id='tarefa_a',
    python_callable=executar_a,
    dag=dag
)


tarefa_b = PythonOperator(
    task_id='tarefa_b',
    python_callable=executar_b,
    dag=dag
)
```

O encadeamento deve ser estabelecido de forma clara, ligando o operador de branch às tarefas que podem ser escolhidas:

python

```
branch >> [tarefa_a, tarefa_b]
```

Em muitos casos, é necessário consolidar novamente os fluxos em um ponto comum após a ramificação. Como tarefas ignoradas (skipped) bloqueiam a execução de tarefas seguintes com trigger_rule=all_success, é obrigatório usar trigger_rule=one_success ou none_failed_or_skipped para a tarefa de junção.

python

```
final = PythonOperator(
    task_id='tarefa_final',
    python_callable=concluir,
    trigger_rule='none_failed_or_skipped',
    dag=dag
)


[tarefa_a, tarefa_b] >> final
```

Exemplo com Múltiplos Fluxos Alternativos

Considere um pipeline de validação que deve executar caminhos diferentes para clientes do Brasil e de outros países. A lógica condicional verifica o código do país e define a tarefa a ser executada:

python

```
def decidir_pais(**kwargs):
    pais = kwargs['dag_run'].conf.get('pais', 'BR')
```

```python
if pais == 'BR':
    return 'processar_brasil'
return 'processar_estrangeiro'
```

Operador de ramificação:

python

```python
branch = BranchPythonOperator(
    task_id='definir_rota',
    python_callable=decidir_pais,
    provide_context=True,
    dag=dag
)
```

Tarefas condicionais:

python

```python
br = PythonOperator(
    task_id='processar_brasil',
    python_callable=processar_br,
    dag=dag
)

estrangeiro = PythonOperator(
    task_id='processar_estrangeiro',
    python_callable=processar_outros,
    dag=dag
```

)

Consolidação do fluxo:

python

```
final = PythonOperator(
    task_id='finalizar_pipeline',
    python_callable=encerrar,
    trigger_rule='none_failed_or_skipped',
    dag=dag
)


branch >> [br, estrangeiro] >> final
```

O modelo descrito, permite que a DAG selecione o caminho adequado com base em parâmetros fornecidos externamente via API, interface ou configuração manual no disparo.

Resolução de Erros Comuns

Erro: tarefa esperada não executa após o BranchPythonOperator
Solução: confirme se o task_id retornado pela função condicional está corretamente escrito e corresponde à task declarada.

Erro: tarefa de consolidação não executa após o branching
Solução: use trigger_rule='none_failed_or_skipped' **para permitir que a tarefa seja executada mesmo quando uma das anteriores for ignorada.**

Erro de contexto na função de decisão
Solução: certifique-se de que provide_context=True **está definido ou que** **kwargs **é utilizado corretamente na assinatura**

da função.

Erro: comportamento inesperado em DAGs com múltiplos níveis de branching
Solução: revise a lógica e verifique se não há sobreposição de `task_ids`, loops ou dependências circulares. Organize visualmente no Graph View.

Erro: Skips incorretos propagando ao longo da DAG
Solução: evite definir `trigger_rule=all_success` em tarefas que seguem múltiplos caminhos alternativos. Prefira regras permissivas para pontos de reconexão.

Boas Práticas

- Utilizar nomes descritivos e exclusivos para cada caminho de execução

- Validar logicamente todas as condições possíveis dentro da função condicional

- Encerrar caminhos ramificados com um ponto comum usando `trigger_rule` adequado

- Limitar a complexidade do branching a um nível por DAG sempre que possível

- Evitar lógica condicional ambígua ou baseada em dados voláteis fora da DAG

Resumo Estratégico

O uso do BranchPythonOperator no Airflow oferece poder decisório dentro das DAGs, permitindo que diferentes fluxos sejam executados com base em lógica de negócio, parâmetros de entrada ou condições contextuais. Essa capacidade de ramificação dá aos pipelines uma dimensão adicional de inteligência operacional, adaptabilidade e modularidade.

Quando bem estruturado, o branching transforma DAGs estáticas em sistemas responsivos e direcionados por regras, sem comprometer a rastreabilidade ou o controle de execução.

CAPÍTULO 9. SENSORS: MONITORAMENTO DE CONDIÇÕES EXTERNAS

Sensors são operadores especializados do Apache Airflow desenvolvidos para aguardar a ocorrência de um evento externo antes de permitir a continuidade de um fluxo de execução. Eles funcionam como mecanismos de espera ativa ou passiva, monitorando condições fora da DAG e liberando a sequência de tarefas somente quando o critério definido é atendido. Essa funcionalidade é crítica em pipelines que dependem de arquivos, APIs, dados de terceiros ou tarefas executadas em outras DAGs.

Ao contrário dos operadores comuns, os Sensors não executam uma ação produtiva direta. Seu único propósito é observar. O uso adequado dessa ferramenta promove sincronia entre sistemas, reduz a falha de tarefas dependentes e permite maior flexibilidade na integração de fluxos heterogêneos. Entretanto, a má utilização pode causar gargalos sérios de performance, travamento de recursos e saturação de workers.

O Que São e Como Funcionam

Na prática, um Sensor é um tipo de operador que estende a classe BaseSensorOperator. A principal diferença é que ele repete continuamente uma verificação — geralmente dentro de um loop — até que o evento externo desejado seja detectado ou que se esgote o tempo limite definido pelo usuário.

A lógica do Sensor é simples:

- Verifique se a condição está presente

- Se sim, finalize com sucesso

- Se não, aguarde o tempo de poke_interval e tente novamente

- Se o tempo total exceder timeout, finalize com falha

Os Sensors podem operar em dois modos distintos: *poke* e *reschedule*. No modo padrão (*poke*), o worker permanece alocado enquanto aguarda a condição. Já no modo *reschedule*, o Sensor libera o worker entre cada tentativa, tornando o sistema mais escalável.

Tais operadores são frequentemente utilizados em pipelines que processam arquivos entregues por outros sistemas, aguardam o retorno de um endpoint externo, ou dependem da execução prévia de outra DAG.

FileSensor, HttpSensor, ExternalTaskSensor

O Airflow oferece uma variedade de sensores prontos para uso. Os mais utilizados são o FileSensor, HttpSensor e ExternalTaskSensor.

FileSensor:

Monitora a existência de um arquivo ou diretório. É ideal para workflows que aguardam a chegada de um CSV, JSON, planilha ou qualquer outro artefato gerado externamente.

python

```python
from airflow.sensors.filesystem import FileSensor


aguardar_arquivo = FileSensor(
    task_id='verificar_arquivo',
    filepath='/dados/input.csv',
```

```
    poke_interval=30,

    timeout=600,

    mode='poke',

    dag=dag

)
```

- filepath: **caminho do arquivo a ser monitorado**

- poke_interval: **intervalo entre as tentativas de verificação (em segundos)**

- timeout: **tempo máximo de espera antes de considerar falha**

HttpSensor:

Verifica a disponibilidade de um endpoint HTTP. Útil para checar se uma API está online, se um serviço subiu corretamente ou se uma URL está acessível.

python

```
from airflow.sensors.http_sensor import HttpSensor


verificar_api = HttpSensor(
    task_id='checar_api',

    http_conn_id='api_externa',

    endpoint='/status',

    poke_interval=20,

    timeout=300,

    mode='reschedule',
```

```
    dag=dag
)
```

O http_conn_id deve estar previamente configurado nas conexões do Airflow. O sensor verifica o status da resposta e pode ser customizado para validar o conteúdo retornado.

ExternalTaskSensor:

Acompanha a execução de uma tarefa específica em outra DAG. Esse sensor é essencial para sincronizar dependências entre pipelines separados.

python

```python
from airflow.sensors.external_task import ExternalTaskSensor

aguardar_dag_externa = ExternalTaskSensor(
    task_id='esperar_pipeline_previo',
    external_dag_id='dag_entrada_dados',
    external_task_id='validar_dados',
    allowed_states=['success'],
    failed_states=['failed', 'skipped'],
    mode='poke',
    timeout=900,
    dag=dag
)
```

Esse sensor verifica o status da task validar_dados na DAG dag_entrada_dados e só libera a execução se ela for concluída com sucesso.

Configuração de Retries, Timeout e Modo de Espera

Todo Sensor pode ser configurado com parâmetros que controlam seu comportamento. Os mais importantes são:

- poke_interval: define o intervalo entre cada tentativa de verificação da condição. Um valor muito baixo consome mais recursos, um valor alto pode atrasar a DAG.

- timeout: especifica o tempo total permitido para o Sensor ficar aguardando. Após esse período, a tarefa será marcada como falha.

- mode: determina o modo de operação. Pode ser poke (default) ou reschedule. O modo reschedule é preferido em ambientes com múltiplas DAGs e limitação de workers.

- retries: número de tentativas de execução após falha.

- retry_delay: tempo de espera entre as tentativas após uma falha.

Exemplo de configuração:

python

```python
sensor_customizado = FileSensor(
    task_id='aguardar_relatorio',
    filepath='/relatorios/diario.csv',
    poke_interval=60,
    timeout=1800,
    mode='reschedule',
    retries=2,
    retry_delay=timedelta(minutes=5),
```

```
    dag=dag
)
```

Essa configuração permite um sensor que espera até 30 minutos pelo arquivo, com verificação a cada 60 segundos, e que tentará novamente até duas vezes, aguardando cinco minutos entre tentativas em caso de falha.

Performance e Impacto nos Workers

O uso inadequado de Sensors pode causar problemas de escalabilidade no Airflow. Quando utilizados em modo poke, cada Sensor consome um worker dedicado enquanto aguarda a condição ser satisfeita. Em ambientes com poucos workers e muitas DAGs concorrentes, isso pode rapidamente exaurir os recursos do sistema, causando filas, lentidão e falhas por timeout.

Para mitigar esse risco, o modo reschedule deve ser adotado sempre que possível. Nele, o Sensor é suspenso e retirado da fila entre as tentativas, liberando o worker para outras tarefas. Isso é especialmente importante em pipelines que monitoram condições com longos períodos de espera.

Além disso, valores muito baixos de poke_interval aumentam o número de acessos e verificações, o que pode sobrecarregar serviços monitorados, arquivos em rede ou bancos de dados externos.

O uso indiscriminado de ExternalTaskSensors em modo poke para DAGs com múltiplas dependências cruzadas também deve ser evitado, pois pode criar um efeito dominó de consumo de recursos em cadeia.

Resolução de Erros Comuns

Erro: sensor falha mesmo com condição atendida
Solução: verifique se o caminho, endpoint ou identificador

externo está correto. Também valide se a condição foi realmente satisfeita no momento da execução.

Erro: sensor nunca termina a execução
Solução: pode ser que a condição não esteja sendo satisfeita e o timeout seja muito alto. Use poke_interval maior e limite o timeout para evitar DAGs bloqueadas.

Erro: Worker fica ocupado indefinidamente
Solução: sensores em modo poke retêm o worker. Mude para mode='reschedule' em casos de espera longa.

Erro ao monitorar DAG externa
Solução: verifique se o nome da DAG e da tarefa estão corretos. O external_task_id deve existir e estar em execução.

Erro: API responde com erro 403 ou 500
Solução: HttpSensor só considera sucesso com status HTTP 200. Ajuste a função de verificação de conteúdo ou revise a autenticação da conexão.

Boas Práticas

- Usar mode='reschedule' para sensores que esperam longos períodos

- Definir timeout razoável para evitar DAGs bloqueadas por horas

- Monitorar número de tasks em execução prolongada no Web UI

- Documentar claramente a função de cada Sensor para facilitar manutenção

- Centralizar valores de poke_interval e timeout em variáveis para padronização

Resumo Estratégico

Os Sensors no Apache Airflow oferecem uma camada crítica de controle para sincronizar pipelines com eventos externos, garantindo que a execução ocorra apenas quando condições específicas forem atendidas. Quando bem configurados, permitem construir workflows robustos, responsivos e integrados com sistemas externos. A correta escolha entre os modos de operação, o ajuste de tempos e a definição clara de dependências são essenciais para manter o equilíbrio entre confiabilidade e performance. A compreensão técnica dos sensores diferencia pipelines operacionais estáticos de fluxos inteligentes e conscientes do seu ecossistema.

CAPÍTULO 10. MONITORAMENTO DE DAGS E TAREFAS

O monitoramento eficiente de DAGs e tarefas no Apache Airflow é fundamental para garantir a confiabilidade, rastreabilidade e robustez dos pipelines de dados. Ter visibilidade completa sobre o estado de execução das DAGs, os logs gerados por cada tarefa, o histórico de execuções e as métricas do sistema é um requisito obrigatório em ambientes de produção. Sem um sistema de observabilidade bem configurado, falhas silenciosas, atrasos ou comportamentos inesperados podem passar despercebidos, impactando diretamente os fluxos de dados, as análises e as decisões de negócio.

Airflow oferece, nativamente, uma interface web poderosa que permite acompanhar a execução das DAGs em tempo real. Além disso, pode ser integrado a ferramentas de observabilidade externas como Grafana, Prometheus, Elasticsearch e outras, permitindo criar dashboards personalizados e monitoramento contínuo com alertas e análises históricas. O domínio completo dessa camada de monitoramento permite agir preventivamente, diagnosticar problemas com precisão e garantir SLAs em pipelines críticos.

Logs e Interpretação de Resultados

Cada tarefa executada em uma DAG gera logs detalhados, registrando desde a preparação do ambiente até a finalização do processo, com códigos de retorno, mensagens de erro, tempo de execução e variáveis de contexto. Os logs são a principal fonte de informação para diagnóstico e validação do comportamento de uma DAG.

Por padrão, os logs são armazenados no sistema de arquivos local em uma estrutura organizada por DAG, tarefa e data de execução:

php-template

```
~/airflow/logs/<dag_id>/<task_id>/<execution_date>/
```

Ao acessar a interface web do Airflow, o usuário pode clicar no botão "Log" ao lado de cada task run para visualizar esse conteúdo. Os logs são divididos em etapas, e geralmente incluem:

- Inicialização da tarefa e carga do contexto

- Importação de operadores e módulos

- Execução do código da tarefa (com output de print ou logging)

- Status final: sucesso, falha ou erro

- Traceback completo em caso de exceções

Essas informações permitem identificar:

- Erros de sintaxe ou importação de módulos

- Falhas de conexão com bancos, APIs ou sistemas externos

- Variáveis mal definidas ou não encontradas

- Problemas de timeout, permissões e encoding

Recomenda-se sempre utilizar logging.info(), logging.warning()

e logging.error() no lugar de print(), pois esses métodos oferecem maior controle, padronização e integração com sistemas de logs externos.

Exemplo de uso correto do módulo logging:

python

```
import logging


def executar_tarefa():
    logging.info("Iniciando tarefa de processamento")
    resultado = processar_dados()
    logging.info(f"Resultado final: {resultado}")
```

Assim, os logs terão timestamps e níveis de severidade que facilitam a análise.

Além do acesso via interface, os logs podem ser exportados para serviços como Amazon S3, Google Cloud Storage ou sistemas de logging corporativos como ELK Stack, permitindo retenção de longo prazo, buscas avançadas e consolidação de logs de múltiplas DAGs.

Dashboard e Visualização de Métricas

O Airflow Web UI é a principal interface de monitoramento nativa da ferramenta. A página inicial lista todas as DAGs cadastradas, com status, tempo da última execução, e botões para ações rápidas como trigger manual, pausa e visualização de gráfico.

Ao clicar em uma DAG específica, são disponibilizadas várias visualizações:

- **Tree View**: exibe um mapa temporal das execuções da DAG, com coloração por status (verde para sucesso, vermelho para falha, cinza para ignorado).

- **Graph View**: mostra o grafo de dependências entre as tarefas da DAG, útil para entender a estrutura e o encadeamento.

- **Gantt View**: visualiza a duração de cada tarefa em linha do tempo, facilitando a identificação de gargalos e etapas lentas.

- **Task Duration**: gráfico com o histórico da duração das tarefas ao longo do tempo.

- **Landing Times**: mostra a diferença entre o horário previsto de execução e o horário real de execução de cada DAG run.

As visualizações permitem identificar:

- Quais tarefas estão causando atraso na DAG

- Se há desequilíbrio na execução paralela de tasks

- Qual o tempo médio de execução por tarefa

- Em que momento começam a ocorrer falhas ou lentidões

Além disso, ao acessar o menu "Browse > DAG Runs" ou "Browse > Task Instances", é possível obter uma tabela completa com todas as execuções, status, datas, duração e ações para cada instância de DAG e tarefa.

Utilização de Ferramentas Externas
(Grafana, Prometheus)

Para ambientes mais avançados, com múltiplos pipelines e

SLAs rígidos, é recomendável integrar o Airflow a ferramentas externas de observabilidade. As mais utilizadas são Grafana e Prometheus, que permitem monitoramento em tempo real, geração de alertas automáticos e visualização consolidada de métricas operacionais.

Prometheus pode ser conectado ao Airflow por meio do Exporter oficial ou utilizando APIs customizadas. Ele coleta métricas como:

- Número de DAGs ativas

- Tempo médio de execução por DAG

- Quantidade de falhas por período

- Utilização de workers

- Tasks em estado "queued", "running", "failed"

As métricas são então expostas via endpoint /metrics e consumidas pelo Prometheus, que armazena os dados e permite consultas avançadas com PromQL.

Grafana, por sua vez, atua como frontend visual dessas métricas. É possível criar dashboards com gráficos de linha, barras, status e alertas visuais. Alguns painéis recomendados:

- Execuções por hora, dia ou semana

- DAGs com maior taxa de falhas

- Tasks com maior tempo médio de execução

- Histórico de execução de tarefas críticas

- Heatmap de DAGs em execução por horário do dia

Assim, é possível visualizar tendências, detectar anomalias e prever possíveis gargalos no sistema. Essas ferramentas também podem ser integradas a sistemas de alerta como PagerDuty, Slack, Microsoft Teams ou email, permitindo respostas automáticas a incidentes.

Diagnóstico de Falhas com Logs Detalhados

Quando uma DAG ou tarefa falha, o diagnóstico começa pela análise dos logs gerados. O Airflow fornece, por padrão, mensagens claras sobre a origem do erro, incluindo:

- Nome do módulo ou operador que gerou a exceção

- Linha exata do erro no código Python

- Traceback completo da exceção

- Valor das variáveis em tempo de execução

- Mensagens personalizadas geradas por logging.error() ou logging.exception()

Os dados são suficientes para resolver a maioria dos problemas operacionais, desde erros de digitação até falhas de conexão com sistemas externos.

Em casos mais complexos, como falhas intermitentes, é necessário analisar o padrão de ocorrência ao longo do tempo. Ferramentas como Grafana ajudam a identificar se o erro está relacionado a:

- Cargas de dados específicas

- Horários de pico no sistema

- Alterações recentes na DAG ou nos dados de entrada

- Problemas de infraestrutura, como disco cheio ou falta de memória

Também é possível configurar callbacks de falha (on_failure_callback) para que, ao detectar uma falha, o Airflow envie alertas automáticos, registre o erro em sistemas externos ou até mesmo execute scripts de correção automática.

Resolução de Erros Comuns

Erro: DAG não aparece na interface
Solução: verifique se o arquivo Python da DAG está corretamente salvo no diretório dags/, sem erros de sintaxe, e se o dag_id é único.

Erro: tarefa executa, mas não gera log
Solução: confirme se o operador está gerando saída com logging e se o caminho de log está acessível. Verifique permissões no sistema de arquivos.

Erro genérico sem traceback
Solução: ative o log_level = DEBUG no airflow.cfg para obter mensagens mais detalhadas. Certifique-se de que a DAG está em modo de depuração se necessário.

Erro: métricas não aparecem no Prometheus
Solução: valide se o Exporter está corretamente instalado e acessível na porta esperada. Verifique se o scraping está ativado no Prometheus e se os nomes das DAGs estão corretos.

Erro: painel do Grafana sem dados
Solução: confira se o painel está apontando para a fonte de dados correta e se as consultas PromQL estão retornando valores. Use datas recentes e revise o intervalo de tempo.

Boas Práticas

- Utilizar logging em vez de print() para gerar logs técnicos padronizados

- Monitorar DAGs críticas com dashboards personalizados em Grafana

- Estabelecer alertas automáticos com base em falhas repetidas ou execuções lentas

- Padronizar mensagens de log com prefixos de contexto para facilitar busca

- Rotacionar logs antigos para evitar uso excessivo de disco

Resumo Estratégico

O monitoramento de DAGs e tarefas no Apache Airflow é um pilar essencial para a operação segura e eficiente de pipelines de dados. A combinação entre a interface nativa, os logs detalhados e as integrações com sistemas de observabilidade como Grafana e Prometheus permite alcançar visibilidade total sobre o comportamento dos fluxos. Diagnosticar falhas com rapidez, identificar gargalos com precisão e antecipar problemas por meio de alertas são capacidades obrigatórias em ambientes de produção. Com práticas consistentes de logging, configuração de métricas e estrutura de análise, o Airflow se transforma em uma plataforma de orquestração completa, transparente e preparada para escalar em cenários de missão crítica.

CAPÍTULO 11. CUSTOMIZANDO OPERADORES E HOOKS

O Apache Airflow se destaca como uma plataforma extensível, permitindo que desenvolvedores criem componentes personalizados para adaptar o comportamento da ferramenta às necessidades específicas do seu ecossistema. A capacidade de customizar operadores e hooks oferece uma camada de flexibilidade essencial para conectar o Airflow a sistemas legados, APIs não suportadas nativamente, fluxos de dados proprietários e estratégias de automação complexas.

Operadores customizados encapsulam lógicas específicas de tarefas, enquanto hooks personalizados permitem estabelecer conexões e abstrações reutilizáveis com serviços externos. Ao construir essas peças sob medida, é possível padronizar interações, reduzir redundâncias e aumentar a coesão do código entre DAGs.

Criação de Novos Operadores

Operadores personalizados são criados a partir da herança da classe BaseOperator ou de algum operador existente. Eles devem implementar o método execute(), que é onde a lógica da tarefa será realizada. O processo de criação começa com a definição dos parâmetros que o operador irá aceitar, geralmente por meio do método __init__(), e a implementação da lógica operacional em execute().

Estrutura básica de um operador customizado:

python

```python
from airflow.models import BaseOperator
from airflow.utils.context import Context
import logging


class MyCustomOperator(BaseOperator):
    def __init__(self, parametro_1, parametro_2, **kwargs):
        super().__init__(**kwargs)
        self.parametro_1 = parametro_1
        self.parametro_2 = parametro_2


    def execute(self, context: Context):
        logging.info(f"Executando operador com
{self.parametro_1} e {self.parametro_2}")
        resultado = self.parametro_1 + self.parametro_2
        logging.info(f"Resultado: {resultado}")
```

Após a criação, esse operador pode ser importado normalmente em qualquer DAG e utilizado como uma task:

python

```python
tarefa = MyCustomOperator(
    task_id='executar_personalizado',
    parametro_1=10,
    parametro_2=20,
    dag=dag
)
```

É fundamental manter o operador em um diretório separado (plugins/), devidamente versionado e testado. Também é recomendável escrever uma docstring clara explicando os parâmetros, comportamento e requisitos.

Operadores customizados são úteis para encapsular rotinas que seriam repetidas com frequência em múltiplas DAGs, como validação de schemas, processamento de arquivos com formatação proprietária, integração com sistemas internos ou orquestração de robôs de automação.

Implementação de Hooks Personalizados

Hooks são classes que estendem BaseHook e encapsulam a lógica de conexão e comunicação com fontes de dados ou APIs externas. Enquanto operadores representam tarefas, hooks são responsáveis por prover métodos reutilizáveis para interações externas, como envio de requisições, execução de queries, leitura de arquivos remotos, entre outros.

Exemplo de hook customizado para se conectar a uma API de relatórios:

python

```python
from airflow.hooks.base import BaseHook
import requests


class RelatorioAPIHook(BaseHook):
    def __init__(self, conn_id='relatorio_api'):
        self.conn_id = conn_id
        self.base_url = self.get_connection(conn_id).host
        self.token = self.get_connection(conn_id).password
```

```python
def buscar_dados(self, endpoint):
    headers = {'Authorization': f'Bearer {self.token}'}
    url = f'{self.base_url}/{endpoint}'
    response = requests.get(url, headers=headers)
    response.raise_for_status()
    return response.json()
```

Para utilizar esse hook dentro de um operador ou PythonOperator:

python

```python
def tarefa():
    hook = RelatorioAPIHook()
    dados = hook.buscar_dados('relatorios/diario')
    print(dados)
```

Hooks podem ser desacoplados completamente dos operadores e mantidos como bibliotecas internas para consumo em múltiplos contextos. Assim, promove-se a reutilização e centralização da lógica de integração, facilitando manutenção e testes.

Estrutura de Herança e Reutilização de Lógica

A criação de operadores e hooks customizados deve sempre seguir o princípio da reutilização. Em vez de duplicar código entre múltiplas classes, o ideal é construir uma estrutura modular e hierárquica, utilizando herança e composição.

Um bom exemplo é criar uma classe base com funções comuns e derivar operadores específicos a partir dela:

python

```python
class OperadorBase(BaseOperator):
    def log_inicio(self):
        logging.info("Iniciando execução...")

    def log_fim(self):
        logging.info("Finalizando execução.")
```

Operador derivado:

python

```python
class OperadorFinanceiro(OperadorBase):
    def __init__(self, conta_id, **kwargs):
        super().__init__(**kwargs)
        self.conta_id = conta_id

    def execute(self, context):
        self.log_inicio()
        self.processar_conta(self.conta_id)
        self.log_fim()

    def processar_conta(self, id):
        # lógica de processamento
        pass
```

Esse padrão facilita atualizações em massa, garante consistência

entre operadores da mesma família e reduz erros de implementação. O mesmo conceito se aplica a hooks, onde funções utilitárias de requisição, tratamento de erro ou autenticação podem ser isoladas em superclasses.

Deploy de Componentes Reutilizáveis

Para que operadores e hooks personalizados sejam utilizados em todo o ambiente Airflow, é necessário disponibilizá-los de forma acessível e organizada. As principais formas de deploy incluem:

- Diretório plugins/: local padrão para componentes personalizados. Ao salvar operadores e hooks nesse diretório, o Airflow os reconhece automaticamente.

- Pacotes Python: encapsular os componentes em um pacote Python versionado e instalá-lo via pip no ambiente virtual do Airflow. Ideal para ambientes com múltiplos desenvolvedores.

- Repositórios Git: utilizar submódulos Git para integrar repositórios de componentes compartilhados nas DAGs de cada projeto.

- Containers Docker: incluir os arquivos de operadores e hooks customizados na imagem Docker do Airflow, garantindo portabilidade e consistência entre ambientes.

Além disso, deve-se manter uma convenção de nomes e estrutura de diretórios que permita encontrar rapidamente os componentes criados. Sugere-se a seguinte organização:

```
plugins/
├── operators/
│   ├── financeiro_operator.py
│   ├── email_operator.py
```

```
├── hooks/
│   ├── sap_hook.py
│   ├── s3_custom_hook.py
```

Também é recomendável manter um arquivo __init__.py em cada pasta para permitir importação direta.

Resolução de Erros Comuns

Erro: operador não reconhecido pela DAG
Solução: verifique se o arquivo do operador está no diretório plugins/ e se está sendo importado corretamente na DAG. Confirme se o nome da classe é consistente.

Erro de importação circular
Solução: evite importar DAGs dentro dos próprios operadores ou hooks. A arquitetura deve ser unidirecional: hooks são usados por operadores, operadores são usados por DAGs.

Erro: falha ao acessar conexão no hook
Solução: certifique-se de que a conexão está cadastrada corretamente na interface Web e que conn_id corresponde exatamente ao definido no hook.

Erro: problemas de serialização ao usar objetos complexos como parâmetros
Solução: utilize apenas tipos simples como strings, inteiros e listas nos parâmetros do operador. Evite passar objetos como instâncias de classes customizadas diretamente.

Erro: Hook não retorna dados ou falha silenciosamente
Solução: implemente tratamento de exceção robusto com try/except e logue mensagens claras com logging.error() para facilitar o diagnóstico.

Boas Práticas

- Documentar operadores e hooks com docstrings claras e

exemplos de uso

- Padronizar nomes com sufixos Operator e Hook para fácil identificação

- Isolar lógica de integração em hooks e manter operadores focados em fluxo

- Utilizar logs estruturados em todos os pontos da execução

- Escrever testes unitários para operadores e hooks, garantindo cobertura mínima

- Reutilizar lógica comum por meio de herança e classes auxiliares

Resumo Estratégico

A criação de operadores e hooks personalizados no Apache Airflow é uma estratégia poderosa para adaptar a ferramenta às necessidades específicas de uma organização. Esses componentes promovem padronização, encapsulamento e reutilização, tornando os pipelines mais robustos, legíveis e sustentáveis. Hooks permitem integrar com qualquer sistema externo de forma centralizada, enquanto operadores organizam a lógica de execução de tarefas especializadas. Ao compreender a arquitetura de herança, deploy e manutenção desses recursos, equipes de engenharia ganham autonomia para escalar seus fluxos de dados com flexibilidade total. Customizar o Airflow com responsabilidade técnica e boas práticas consolida a plataforma como núcleo de automação de dados em ambientes complexos.

CAPÍTULO 12. PARALELISMO E CONCURRENCY

A escalabilidade do Apache Airflow está diretamente relacionada à sua capacidade de executar tarefas simultâneas em múltiplos workers, distribuindo a carga de trabalho de forma eficiente. Para alcançar esse nível de desempenho, é necessário compreender e configurar corretamente os parâmetros de paralelismo e concorrência, garantindo que os recursos da infraestrutura sejam utilizados de forma otimizada, sem sobrecarga e sem ociosidade.

Os conceitos de parallelism, concurrency, dag_concurrency, max_active_runs e pools constituem a base do controle de execução concorrente no Airflow. Cada um desses parâmetros impacta diretamente a quantidade de tarefas que podem ser executadas ao mesmo tempo, tanto globalmente quanto por DAG, por worker ou por tipo de tarefa.

A compreensão desses limites, combinada com boas práticas de particionamento e planejamento de execução, permite criar pipelines de dados robustos, rápidos e escaláveis.

Workers Simultâneos

A execução das tarefas no Airflow é realizada por processos chamados *workers*, que recebem tarefas agendadas pelo *scheduler* e executam o código associado a cada operador. O número de workers disponíveis e a forma como eles são escalados depende do tipo de executor configurado:

- SequentialExecutor: executa uma única tarefa por vez.

Usado apenas para testes e ambientes locais.

- LocalExecutor: permite múltimas tarefas simultâneas no mesmo servidor.

- CeleryExecutor: distribui tarefas entre múltiplos workers em diferentes máquinas.

- KubernetesExecutor: executa cada tarefa em um pod isolado, com máxima escalabilidade.

Em ambientes de produção, o uso de CeleryExecutor ou KubernetesExecutor é altamente recomendado, pois permite execução real em paralelo com tolerância a falhas e balanceamento de carga. Cada worker pode processar várias tarefas simultaneamente, dependendo da configuração de worker_concurrency.

Exemplo de configuração no airflow.cfg:

ini

```ini
[celery]
worker_concurrency = 16
```

Esse valor define quantas tarefas cada worker pode executar ao mesmo tempo. Se houver dois workers, o total possível será 32 tarefas paralelas, considerando a capacidade de hardware da máquina.

Configuração de Parallelism, Concurrency e dag_concurrency

O comportamento de paralelismo no Airflow é controlado por diversos parâmetros no airflow.cfg:

- parallelism: número máximo de tarefas que podem ser

executadas simultaneamente no Airflow como um todo. É o limite global.

- dag_concurrency: número máximo de tarefas ativas simultaneamente em uma única DAG.

- max_active_runs_per_dag: número máximo de instâncias de uma DAG que podem estar em execução ao mesmo tempo.

- task_concurrency: parâmetro opcional definido diretamente no objeto DAG para limitar a concorrência de uma task específica.

Os valores devem ser ajustados de acordo com o volume de dados, a arquitetura dos pipelines e os recursos disponíveis.

Modelo para configuração no airflow.cfg:

ini

```ini
[core]
parallelism = 128
dag_concurrency = 32
```

No código da DAG:

python

```python
from airflow import DAG

dag = DAG(
    dag_id='processamento_mensal',
    schedule_interval='@daily',
```

```
max_active_runs=3,
concurrency=10
)
```

A DAG permitirá que no máximo três instâncias sejam executadas em paralelo, com até 10 tarefas simultâneas por instância.

Limites de Execução e Boas Práticas de Performance

A configuração dos parâmetros de execução deve sempre considerar:

- Capacidade real do ambiente: número de CPUs, memória RAM e largura de banda.

- Tipo de tarefas executadas: tarefas leves como cópias de arquivos consomem pouco, mas processamentos pesados ou chamadas de API podem exigir limites mais rígidos.

- Sensibilidade ao tempo: DAGs críticas devem ter prioridade sobre DAGs de baixa frequência.

Boas práticas de performance incluem:

- Utilizar operadores assíncronos sempre que possível (como AsyncHttpOperator)

- Evitar poke sensors em massa; prefira reschedule

- Distribuir tarefas pesadas em DAGs diferentes ou horários alternados

- Priorizar DAGs e tarefas com priority_weight

- Reduzir tempo de execução de cada task para permitir melhor paralelismo

- Consolidar tarefas curtas em batches maiores para reduzir overhead

É fundamental acompanhar o desempenho via interface web e logs, observando se há tarefas presas em estado queued, o que pode indicar gargalo de recursos ou de configuração.

Uso de pools para Controle Fino

Pools são uma ferramenta avançada de controle de execução no Airflow, permitindo limitar quantas tarefas de um determinado tipo ou grupo podem ser executadas simultaneamente. Cada tarefa pode ser atribuída a um *pool*, e o Airflow garante que o número máximo de tarefas ativas nesse grupo nunca ultrapasse o limite.

É útil para controlar acessos concorrentes a:

- APIs externas com limitação de requisições

- Bancos de dados com alto custo de conexão

- Serviços de terceiros com cobrança por uso

- Processos pesados que não devem saturar o servidor

A criação de pools é feita pela interface web (Admin > Pools) ou pela CLI:

bash

```
airflow pools set nome_do_pool 5 "Pool para API de relatórios"
```

No operador, basta indicar o pool desejado:

python

```
task = PythonOperator(
    task_id='chamar_api',
    python_callable=consultar_endpoint,
    pool='api_pool',
    dag=dag
)
```

Se o número de tasks simultâneas atingir o limite do pool, novas execuções ficarão em queued até que haja disponibilidade.

Pools também ajudam a garantir que DAGs prioritárias tenham acesso preferencial a recursos, desde que combinadas com priority_weight.

Resolução de Erros Comuns

Erro: tarefas permanecem indefinidamente em queued
Solução: **verifique se o valor de** parallelism **ou** dag_concurrency **está muito baixo. Confirme se há workers disponíveis e ativos no ambiente.**

Erro: execuções concorrentes demais travando o sistema
Solução: **reduza** worker_concurrency **e** ajuste max_active_runs_per_dag **para impedir excesso de paralelismo em DAGs pesadas.**

Erro: Task falha com erro de pool
Solução:cnfirme se o pool especificado existe e se há slots disponíveis. Ajuste o número máximo de slots ou crie múltiplos pools.

Erro: aumento no tempo de fila entre tarefas
Solução: esse erro pode indicar limitação de workers ou bloqueio em DAGs específicas. Use Gantt View para identificar tarefas que

estão atrasando a fila.

Erro: DAGs não respeitam limite de execução definido
Solução: revise se concurrency e max_active_runs estão
corretamente configurados na definição da DAG e no airflow.cfg.

Boas Práticas

- Ajustar parallelism e dag_concurrency conforme a carga do ambiente

- Utilizar max_active_runs_per_dag para evitar sobrecarga de execução simultânea

- Criar pools para tarefas críticas ou que consomem APIs externas

- Monitorar workers com dashboards e métricas de fila

- Priorizar tarefas e DAGs com priority_weight em ambientes Celery

Resumo Estratégico

A gestão de paralelismo e concorrência é um dos pilares da performance no Apache Airflow. Compreender e configurar corretamente os parâmetros de execução permite escalar o sistema sem comprometer a estabilidade. Workers simultâneos, valores de parallelism, concurrency, uso de pools e a análise constante de filas e execuções ativas são instrumentos que permitem operar pipelines complexos com segurança e previsibilidade. A aplicação de boas práticas e o monitoramento contínuo garantem que cada DAG utilize apenas os recursos necessários, mantendo o equilíbrio do ambiente como um todo. Aplicar tecnicamente esse controle é essencial para transformar o Airflow em uma plataforma de orquestração de alta performance e tolerante a picos de carga, preparada para as exigências reais do ambiente produtivo.

CAPÍTULO 13. DEPLOY EM PRODUÇÃO COM DOCKER

O Apache Airflow, por ser uma plataforma modular e distribuída, encontra no Docker uma das soluções mais eficazes para implantação em ambientes de produção. O uso de containers garante portabilidade, consistência de configuração, isolamento de dependências e facilidade de replicação de ambientes. Ao empacotar o Airflow em imagens Docker, é possível controlar com precisão todas as suas dependências, componentes e interações com o sistema operacional, independentemente da infraestrutura subjacente.

Abordaremos aqui de forma prática e objetiva como realizar o deploy de uma instância Airflow totalmente funcional utilizando Docker, incluindo a construção da imagem, definição de volumes persistentes, configuração de variáveis de ambiente, uso do Docker Compose e estratégias de escalabilidade para produção. A abordagem será orientada por princípios de robustez operacional, manutenção simplificada e adaptação a múltiplos cenários de uso.

Configuração de Imagem Docker para Airflow

O projeto oficial do Apache Airflow já fornece uma imagem Docker mantida pela comunidade e atualizada regularmente com suporte a diversos executores, operadores e extras. A imagem base é hospedada no Docker Hub sob o nome:

bash

```
apache/airflow:<tag>
```

A escolha da tag correta depende da versão desejada e do executor utilizado. Exemplo:

bash

apache/airflow:2.7.2-python3.9

Para ambientes personalizados, é comum criar uma imagem própria estendendo a oficial. Isso permite adicionar dependências, plugins, DAGs ou configurações específicas.

Dockerfile:

dockerfile

```
FROM apache/airflow:2.7.2-python3.9


USER root
RUN apt-get update && apt-get install -y gcc


USER airflow
COPY requirements.txt .
RUN pip install --no-cache-dir -r requirements.txt


COPY dags/ /opt/airflow/dags/
COPY plugins/ /opt/airflow/plugins/
```

O Dockerfile adiciona pacotes do sistema, instala dependências Python específicas e incorpora DAGs e plugins customizados. A imagem pode ser construída com:

bash

docker build -t airflow-producao:latest .

Volume, Environment Variables e Scheduler Container

Uma arquitetura funcional do Airflow requer a definição de múltiplos serviços: webserver, scheduler, worker (em alguns casos), triggerer, flower (monitoramento Celery) e o banco de metadados (PostgreSQL ou MySQL). Todos esses serviços compartilham uma base de código comum e precisam de volumes para manter dados persistentes.

Volumes comuns incluem:

- /opt/airflow/dags: código das DAGs

- /opt/airflow/logs: logs de execução

- /opt/airflow/plugins: plugins customizados

- /root/.aws: credenciais AWS (se necessário)

Modelo de montagem em docker-compose.yml:

yaml

```
volumes:
  - ./dags:/opt/airflow/dags
  - ./logs:/opt/airflow/logs
  - ./plugins:/opt/airflow/plugins
```

As variáveis de ambiente são definidas no bloco environment ou em arquivos .env, controlando tudo, desde conexões com bancos até políticas de execução.

Variáveis:

yaml

AIRFLOW__CORE__EXECUTOR: LocalExecutor

AIRFLOW__DATABASE__SQL_ALCHEMY_CONN: postgresql
+psycopg2://airflow:airflow@postgres/airflow

AIRFLOW__CORE__FERNET_KEY: 'chavegeradafernet123...'

AIRFLOW__CORE__LOAD_EXAMPLES: 'False'

O scheduler é um dos serviços obrigatórios e deve rodar em segundo plano, coordenando a execução das DAGs com base nos agendamentos e dependências. Ele é definido como um container independente no Compose.

Docker Compose e Replicação do Ambiente Local

O arquivo docker-compose.yml é a forma mais prática e padronizada de organizar os containers necessários para rodar o Airflow em qualquer ambiente. O projeto oficial fornece um repositório com um modelo funcional completo que pode ser adaptado conforme necessário.

Modelo simplificado de docker-compose.yml:

yaml

```
version: '3'
services:
  postgres:
    image: postgres:13
    environment:
      POSTGRES_USER: airflow
      POSTGRES_PASSWORD: airflow
```

```yaml
      POSTGRES_DB: airflow
    volumes:
      - postgres-db-volume:/var/lib/postgresql/data

  airflow-webserver:
    image: airflow-producao:latest
    depends_on:
      - postgres
    environment:
      - AIRFLOW__CORE__EXECUTOR=LocalExecutor
    volumes:
      - ./dags:/opt/airflow/dags
      - ./logs:/opt/airflow/logs
    ports:
      - "8080:8080"
    command: webserver

  airflow-scheduler:
    image: airflow-producao:latest
    depends_on:
      - airflow-webserver
    volumes:
      - ./dags:/opt/airflow/dags
      - ./logs:/opt/airflow/logs
    command: scheduler
```

```
volumes:
  postgres-db-volume:
```

Para inicializar o ambiente, basta executar:

bash

```
docker-compose up airflow-init
docker-compose up -d
```

O modelo permite replicar o ambiente local para qualquer servidor com Docker instalado, mantendo a consistência de configuração e reduzindo o tempo de setup em novos ambientes.

Escalabilidade do Cluster

A escalabilidade do Airflow com Docker depende do executor utilizado:

- **LocalExecutor**: permite paralelismo local, mas limitado à capacidade do servidor.

- **CeleryExecutor**: permite distribuir tarefas entre múltiplos workers em containers distintos.

- **KubernetesExecutor**: cria um pod isolado por task, com escalabilidade quase infinita em clusters Kubernetes.

Para escalar com Celery, basta iniciar múltiplos containers com o comando worker:

yaml

```
airflow-worker:
```

```
image: airflow-producao:latest
depends_on:
  - postgres
environment:
  - AIRFLOW__CORE__EXECUTOR=CeleryExecutor
command: worker
```

A fila de tarefas é orquestrada por um broker (Redis ou RabbitMQ), que também precisa estar configurado como serviço:

yaml

```
redis:
  image: redis:6
  ports:
    - "6379:6379"
```

Com esse modelo, pode-se adicionar ou remover workers dinamicamente com:

bash

```
docker-compose up -d --scale airflow-worker=4
```

Para ambientes de produção em larga escala, recomenda-se mover a infraestrutura para um cluster Kubernetes, utilizando o KubernetesExecutor ou o Helm Chart oficial do Airflow. Essa abordagem oferece autoscaling nativo, gerenciamento centralizado de segredos, observabilidade avançada e isolamento total entre execuções.

Resolução de Erros Comuns

Erro: webserver não inicializa corretamente
Solução: verifique se o comando airflow db init foi executado antes de subir os containers. Certifique-se de que as variáveis de banco de dados estão corretas.

Erro de permissão nos volumes
Solução: garanta que os diretórios dags/, logs/ e plugins/ têm permissões compatíveis com o usuário airflow dentro do container.

Erro: Scheduler executando, mas tarefas não são disparadas
Solução: pode ser problema com executor mal configurado ou ausência do worker. Confirme se o executor em AIRFLOW__CORE__EXECUTOR é compatível com os serviços definidos.

Erro: Workers não recebem tarefas
Solução: se estiver utilizando Celery, verifique a conexão com o broker Redis. O erro pode estar em AIRFLOW__CELERY__BROKER_URL ou na inicialização do serviço.

Erro: conexão recusada ao acessar http://localhost:8080
Solução: o mapeamento da porta pode estar ausente no docker-compose.yml. Verifique se o serviço webserver está com ports: - "8080:8080" definido.

Boas Práticas

- Utilizar imagens oficiais como base, com extensão mínima para manter compatibilidade

- Controlar dependências com requirements.txt e build automatizado

- Versionar arquivos docker-compose.yml para garantir reprodutibilidade

- Utilizar .env para manter segredos e variáveis de ambiente fora do código

- Separar ambientes de staging e produção com configurações específicas

- Automatizar inicialização com scripts entrypoint.sh e comandos airflow db upgrade

Resumo Estratégico

O uso de Docker para deploy do Apache Airflow em produção oferece uma base sólida para orquestração de dados moderna, padronizada e escalável. Com imagens bem definidas, configuração centralizada e isolamento de ambiente, o Airflow ganha previsibilidade, reprodutibilidade e facilidade de manutenção. A integração com docker-compose permite ambientes locais robustos e a transição suave para ambientes distribuídos com Celery ou Kubernetes. Compreender essa estrutura garante total controle sobre o ciclo de vida do Airflow, desde o desenvolvimento até a operação em larga escala, consolidando a plataforma como núcleo confiável da engenharia de dados corporativa.

CAPÍTULO 14. AIRFLOW COM KUBERNETES EXECUTOR

O Apache Airflow, sendo uma plataforma de orquestração de workflows orientada à modularidade, permite múltiplas estratégias de execução. Entre elas, o Kubernetes Executor é uma das mais poderosas e escaláveis, ideal para ambientes cloud-native e pipelines que demandam isolamento total de recursos, elasticidade operacional e resiliência de execução. Ele aproveita os recursos do Kubernetes para criar um pod isolado para cada tarefa, com controle fino sobre a alocação de CPU, memória, ambiente e volumes montados.

Ao comparar o Kubernetes Executor com outros métodos de execução, como o Celery Executor, fica evidente que sua adoção resolve diversas limitações operacionais, ao custo de uma complexidade de configuração inicial mais elevada. Detalharemos aqui, como configurar o Apache Airflow com Kubernetes Executor, explicando os conceitos essenciais, estrutura de arquivos YAML, criação de templates de pod, monitoramento de tarefas e os principais desafios técnicos envolvidos na implantação em clusters Kubernetes.

Executor Kubernetes vs. Celery

O Celery Executor é amplamente utilizado por sua flexibilidade, capacidade de distribuir tarefas entre múltiplos workers e integração com filas como Redis ou RabbitMQ. No entanto, ele exige uma infraestrutura paralela de componentes — como workers dedicados, broker de mensagens e banco de backend — além de uma gestão refinada da concorrência e do paralelismo.

O Kubernetes Executor, por outro lado, elimina a necessidade de workers dedicados. Cada task é executada de forma isolada em um pod, provisionado sob demanda pelo scheduler do Airflow. Esse modelo favorece:

- Escalabilidade horizontal automática

- Isolamento total entre tarefas

- Alocação de recursos por task

- Maior segurança por containerização isolada

- Infraestrutura simplificada sem necessidade de Celery, Redis ou RabbitMQ

Tabela comparativa de características:

- **Workers fixos** – Celery sim, Kubernetes não

- **Broker obrigatório** – Celery sim, Kubernetes não

- **Execução em pods isolados** – Celery não, Kubernetes sim

- **Overhead de infraestrutura** – Celery alto, Kubernetes baixo (em nuvem)

- **Elasticidade nativa** – Kubernetes sim, Celery não

- **Tempo de inicialização de task** – Celery mais rápido, Kubernetes um pouco mais lento (devido ao tempo de criação do pod)

O Kubernetes Executor é ideal para arquiteturas modernas baseadas em microserviços, ambientes com carga variável e organizações com infraestrutura já gerenciada por Kubernetes.

Configuração YAML e Pod Templates

A ativação do Kubernetes Executor exige configurações específicas no airflow.cfg ou via variáveis de ambiente, além da correta parametrização do ambiente Kubernetes onde o Airflow será executado.

No airflow.cfg:

ini

```ini
[core]

executor = KubernetesExecutor


[kubernetes]

namespace = airflow

delete_worker_pods = True

worker_container_repository = apache/airflow

worker_container_tag = 2.7.2-python3.9

dags_in_image = False
```

Para a implantação em Kubernetes, é altamente recomendável utilizar o Helm Chart oficial do Airflow, pois ele já oferece templates YAML configuráveis para todos os componentes (webserver, scheduler, triggerer, etc.). O Helm permite personalização com valores no values.yaml, onde se define o executor, imagem, recursos e credenciais.

Exemplo de trecho no values.yaml:

yaml

```yaml
executor: KubernetesExecutor
```

```yaml
config:
  AIRFLOW__CORE__FERNET_KEY: your_fernet_key
  AIRFLOW__CORE__DAGS_ARE_PAUSED_AT_CREATION: 'False'

webserver:
  service:
    type: LoadBalancer
  resources:
    limits:
      cpu: 500m
      memory: 1Gi
    requests:
      cpu: 200m
      memory: 512Mi
```

O Airflow, ao utilizar o Kubernetes Executor, cria um pod temporário para cada task. O comportamento desse pod é controlado por um Pod Template, que define imagem base, variáveis de ambiente, limites de recursos, volumes, sidecars e outras características.

Pod Template em YAML:

yaml

```yaml
apiVersion: v1
kind: Pod
metadata:
```

```
  name: airflow-task-template
spec:
  containers:
   - name: base
     image: apache/airflow:2.7.2-python3.9
     resources:
       requests:
         memory: "512Mi"
         cpu: "500m"
       limits:
         memory: "1Gi"
         cpu: "1"
     env:
       - name: AIRFLOW__CORE__EXECUTOR
         value: KubernetesExecutor
     volumeMounts:
       - name: airflow-dags
         mountPath: /opt/airflow/dags
  volumes:
   - name: airflow-dags
     persistentVolumeClaim:
       claimName: dags-pvc
```

O template pode ser referenciado no values.yaml para ser utilizado em todos os pods gerados automaticamente pelo Kubernetes Executor:

yaml

```yaml
kubernetesExecutor:
  podTemplate:
    enabled: true
    template: airflow-task-template.yaml
```

Monitoramento de Pods e Tasks Isoladas

Uma das vantagens mais evidentes do Kubernetes Executor é a visibilidade detalhada de cada execução de task como um pod no cluster. Isso permite acompanhar em tempo real o status das tarefas, consumo de recursos, logs e eventuais falhas.

Cada pod criado por uma task é nomeado automaticamente com um prefixo identificador da DAG, nome da task e data da execução. Esses pods podem ser listados com:

bash

```bash
kubectl get pods -n airflow
```

Para ver os logs de uma task específica:

bash

```bash
kubectl logs airflow-task-sample-dag-run-abc123 -n airflow
```

Além disso, os pods podem ser visualizados em dashboards como o Lens, o K9s ou na própria interface web do GKE, EKS ou AKS. Também é possível criar alertas em ferramentas como Prometheus e Grafana para monitorar falhas, reinicializações e uso de CPU/memória em tempo real.

A interface web do Airflow continua exibindo a DAG com suas tasks, status e logs, mas agora os logs são integrados com o cluster. Eles podem ser armazenados localmente no pod (com perda após exclusão), em PVCs (volumes persistentes) ou em buckets de armazenamento (S3, GCS), configurando os campos correspondentes no Helm Chart.

Vantagens e Desafios

O uso do Kubernetes Executor oferece uma série de vantagens operacionais:

- Eliminação da necessidade de manter workers ativos

- Alta escalabilidade com autoscaling de pods

- Isolamento por container para cada task

- Configuração de limites de CPU e memória por tarefa

- Deploy centralizado e controlado via Helm

- Integração fácil com serviços Kubernetes nativos (ConfigMap, Secrets, PVCs)

- Melhor aproveitamento de recursos em clusters compartilhados

No entanto, também traz desafios técnicos:

- Maior tempo de inicialização de cada task, devido à criação do pod

- Necessidade de conhecimento intermediário de Kubernetes

- Gerenciamento de permissões e service accounts para acesso a volumes, secrets, APIs

- Logs podem ser descartados se não forem exportados para

destinos persistentes

- Configuração complexa inicial, especialmente com segurança e rede

- Dependência de armazenamento compartilhado para DAGs se não forem embutidas na imagem

Além disso, tarefas de curta duração (<5s) podem ser penalizadas pelo overhead de criação do pod. Nesses casos, consolidar tarefas ou usar outros executores pode ser mais eficaz.

Resolução de Erros Comuns

Erro: Pod da task falha na criação
Solução: verifique se a imagem está disponível, se a configuração de recursos é compatível com o cluster e se não há conflito de permissões com volumes ou service accounts.

Erro: Logs não são exibidos na interface web
Solução: configure o backend de logs para apontar para PVC ou bucket persistente. Ajuste remote_logging=True e defina o logging_config_class.

Erro de permissão ao montar volume
Solução: garanta que o service account utilizado tenha acesso ao PVC. Crie RoleBindings se necessário.

Erro: Task não inicia ou permanece pendente
Solução: Pod pode estar aguardando recursos do cluster (CPU/RAM). Consulte kubectl describe pod para ver eventos e bloqueios.

Erro: Scheduler reinicia sem executar tarefas
Solução: pode ser conflito de configuração no Helm ou erro de inicialização. Verifique logs do pod do scheduler e revalide o airflow.cfg.

Boas Práticas

- Criar Pod Templates reutilizáveis com padrões de segurança e recursos bem definidos

- Utilizar Helm Charts com versionamento para controlar alterações e reverts

- Configurar remote logging com GCS, S3 ou Elastic para retenção dos logs

- Definir delete_worker_pods=True para liberar recursos automaticamente após execução

- Monitorar pods com Prometheus e alertar falhas automaticamente

Resumo Estratégico

A adoção do Kubernetes Executor no Apache Airflow representa um passo estratégico rumo a uma arquitetura de orquestração de dados moderna, escalável e cloud-native. A criação de pods isolados por tarefa garante máxima flexibilidade e controle sobre os recursos de execução, ao mesmo tempo em que simplifica a infraestrutura eliminando a necessidade de workers fixos e filas de mensagens externas.

Apesar da curva de aprendizado inicial e do desafio de configurar corretamente o ambiente Kubernetes, os benefícios em termos de elasticidade, segurança e observabilidade justificam amplamente o esforço. Com boas práticas, monitoramento eficaz e templates padronizados, o Kubernetes Executor transforma o Airflow em uma plataforma de orquestração preparada para qualquer cenário de escala, desempenho e resiliência exigido pelo contexto corporativo atual.

CAPÍTULO 15. ORQUESTRANDO PIPELINES COM SPARK E HADOOP

A orquestração de pipelines em ambientes de Big Data exige ferramentas robustas, escaláveis e capazes de interagir com diferentes motores de processamento e sistemas de arquivos distribuídos. Apache Airflow, Apache Spark e Apache Hadoop formam um ecossistema altamente eficiente para a automação de fluxos de dados complexos, especialmente aqueles que envolvem grandes volumes, transformação em múltiplas etapas e integração entre clusters distribuídos.

Airflow se conecta a Spark através do operador SparkSubmitOperator, permitindo disparar jobs escritos em Scala, Java ou PySpark diretamente de uma DAG. Além disso, é possível interagir com o HDFS (Hadoop Distributed File System) e outras ferramentas do ecossistema Hadoop, como Hive, Pig e HBase. Combinando Airflow com Spark e Hadoop, é possível construir pipelines de ETL escaláveis, auditáveis e com controle granular sobre cada etapa do processo.

Este módulo apresenta a integração do Airflow com Spark e Hadoop, destacando práticas comuns em ambientes de dados em larga escala, com foco em configuração, execução, logging, diagnóstico e boas práticas para pipelines distribuídos de alto desempenho.

Integração de Airflow com SparkSubmitOperator

O operador SparkSubmitOperator permite executar aplicações Spark diretamente a partir de DAGs do Airflow, utilizando o comando spark-submit internamente. Ele é ideal para iniciar jobs em clusters Spark em execução, seja em standalone mode, YARN, Kubernetes ou Mesos.

Exemplo de uso básico do operador:

python

```python
from airflow.providers.apache.spark.operators.spark_submit import SparkSubmitOperator


executar_spark = SparkSubmitOperator(
    task_id='executar_job_spark',
    application='/opt/spark-jobs/etl_job.py',
    conn_id='spark_default',
    conf={'spark.executor.memory': '2g'},
    application_args=['--data', '/dados/input/', '--output', '/dados/output/'],
    dag=dag
)
```

Principais parâmetros:

- application: caminho do arquivo .py, .jar ou .scala a ser executado

- conn_id: conexão Spark definida no Airflow

- conf: dicionário com parâmetros Spark (ex: memória, paralelismo, modo de deploy)

- application_args: lista de argumentos passados para o script Spark

- executor_cores, executor_memory, driver_memory: configurações de recursos

A conexão spark_default deve estar cadastrada no Airflow com as credenciais e configuração do cluster. Para ambientes que usam YARN ou Kubernetes, os parâmetros de execução também devem refletir o tipo de deploy (--master yarn, --master k8s://).

É possível orquestrar jobs em diferentes clusters ou tipos de recurso criando múltiplas conexões e alternando entre elas nas tarefas da DAG.

Conexão com HDFS e Big Data Tools

Airflow oferece integração com o HDFS por meio do HDFSHook e operadores específicos como HdfsSensor, HdfsFileSensor, HdfsToLocalOperator e outros. Isso permite monitorar arquivos, copiar dados e acionar jobs de forma condicionada.

Modelo de sensor aguardando arquivo no HDFS:

python

```
from airflow.providers.apache.hdfs.sensors.hdfs import HdfsSensor


aguardar_arquivo_hdfs = HdfsSensor(
    task_id='esperar_arquivo_parquet',
    filepath='/raw_data/2024/arquivo.parquet',
    hdfs_conn_id='hdfs_default',
    timeout=600,
    poke_interval=30,
    dag=dag
)
```

Além do HDFS, Airflow pode interagir com Hive, Presto, HBase e outras ferramentas Hadoop através de hooks e operadores específicos. Exemplo com Hive:

python

```
from airflow.providers.apache.hive.operators.hive import
HiveOperator


executar_hql = HiveOperator(
    task_id='executar_consulta_hive',
    hql='SELECT COUNT(*) FROM vendas_diarias;',
    hive_cli_conn_id='hive_default',
    dag=dag
)
```

Aintegração permite criar pipelines híbridos, com transformações no Spark, monitoramento no HDFS e agregações no Hive, todos orquestrados pelo Airflow com dependências declaradas e rastreamento completo.

Casos de Uso Reais para ETL Escalável

A combinação Airflow + Spark + Hadoop é utilizada em diversos cenários corporativos, especialmente em:

- Pipelines de ingestão em batch: leitura de grandes volumes de dados brutos do HDFS ou S3, transformação com Spark e gravação em data warehouses.

- Construção de data lakes: orquestração da movimentação e tratamento de dados entre camadas bronze, silver e gold com jobs Spark.

- Geração de relatórios distribuídos: execução de jobs Spark diários ou horários para consolidação de KPIs em larga escala.

- Limpeza e validação de dados de sensores/IoT: processamento massivo com PySpark de dados heterogêneos capturados por streaming.

- Integração com sistemas externos: orquestração de jobs Spark que fazem scraping, chamadas a APIs, transformações e escrita em Hadoop.

Os pipelines são geralmente executados em ambientes com centenas de tarefas paralelas, exigindo alta disponibilidade, logging distribuído e capacidade de reprocessamento automático. O Airflow se destaca por permitir controle centralizado dessas operações com visibilidade total e reusabilidade das DAGs.

Logs e Tracking de Jobs Spark

O SparkSubmitOperator integra os logs da execução do Spark à interface do Airflow. Ao clicar em uma tarefa executada, é possível visualizar a saída do spark-submit, incluindo:

- Tempo de inicialização

- Logs do driver

- Mensagens de erro ou warning

- Prints e mensagens geradas no código PySpark

- Código de retorno da aplicação

É importante destacar que, em clusters YARN ou Kubernetes,

os logs detalhados do Spark podem estar distribuídos entre containers. Nestes casos, o ideal é configurar o Spark para exportar os logs para S3, GCS ou sistemas como ELK ou Datadog, facilitando o rastreamento de falhas.

Além disso, o Airflow registra todos os metadados de execução:

- execution_date da DAG

- Parâmetros passados para o job Spark

- Status final (success, failed, skipped)

- Tempo de execução por task

Esses dados são fundamentais para auditoria, troubleshooting e cálculo de SLA.

Resolução de Erros Comuns

Erro: Job Spark não inicia
Solução: verifique se o spark-submit está corretamente configurado no path da imagem Docker do Airflow, ou se o cluster está acessível.

Erro de autenticação ao conectar no HDFS
Solução: confirme se a conexão hdfs_default está com credenciais válidas e se o Airflow está rodando com permissões adequadas no cluster Hadoop.

Erro: Script Spark falha com erro de importação
Solução: certifique-se de que todas as dependências estão incluídas na imagem ou no --py-files do spark-submit.

Erro de permissão ao gravar em diretório HDFS
Solução: valide as ACLs e permissões do diretório de destino. Pode ser necessário configurar um proxy user.

Erro: Logs do Spark não aparecem no Airflow
Solução: em ambientes distribuídos, como YARN, os logs podem

estar no ResourceManager. Configure o backend de logs do Spark para redirecionamento externo.

Erro: Job executa, mas resultado esperado não é gravado
Solução: inclua etapas de validação pós-job na DAG, como FileSensor, XCom ou checagem via HDFS, para garantir que a saída foi realmente gerada.

Boas Práticas

- Usar SparkSubmitOperator com variáveis e parâmetros dinâmicos definidos por Variable.get()

- Criar templates de jobs Spark com argumentos configuráveis para reutilização

- Isolar transformações por tipo de dado e tipo de agregação em DAGs diferentes

- Versionar scripts Spark e DAGs em repositórios separados com controle de release

- Executar validações automáticas pós-job com sensores ou operadores de checagem

Resumo Estratégico

Integrar o Apache Airflow a plataformas de Big Data como Spark e Hadoop transforma a orquestração de dados em uma operação inteligente, rastreável e altamente escalável. O uso do SparkSubmitOperator, da conexão com HDFS e da interoperabilidade com ferramentas do ecossistema Hadoop permite a automação completa de pipelines de ETL em larga escala, desde a ingestão de dados até a entrega final em camadas analíticas.

Com controle total sobre dependências, logs, recursos e reprocessamentos, o Airflow se consolida como núcleo de governança e execução técnica de fluxos de dados corporativos. Ao aplicar boas práticas, estruturar DAGs reutilizáveis e monitorar continuamente a operação, as equipes de engenharia garantem estabilidade, performance e evolução contínua na construção de soluções baseadas em dados.

CAPÍTULO 16. INTEGRAÇÕES COM APIS E WEBHOOKS

A integração com APIs e Webhooks é uma das funcionalidades mais exploradas nas DAGs do Apache Airflow. Através de chamadas HTTP simples, é possível conectar pipelines a sistemas externos, plataformas SaaS, microserviços internos e diversos tipos de endpoints RESTful. Essa capacidade de comunicação via protocolo HTTP transforma o Airflow em um verdadeiro orquestrador universal de automações, possibilitando a execução de comandos, a leitura de dados e o disparo de eventos para qualquer sistema que possua uma interface web exposta.

Abordaremos, neste momento, as estratégias de integração com APIs e Webhooks utilizando o SimpleHttpOperator, o envio e recebimento de dados por métodos HTTP (GET, POST, PUT, DELETE), a manipulação de payloads e headers, bem como os principais pontos de atenção ao se integrar com plataformas externas. O conteúdo será focado em aplicações práticas, detalhamento técnico e boas práticas operacionais para garantir robustez, segurança e rastreabilidade das integrações realizadas pelo Airflow.

Uso do SimpleHttpOperator

O operador padrão para chamadas HTTP no Airflow é o SimpleHttpOperator, disponível no provider apache-airflow-providers-http. Ele permite fazer requisições HTTP a qualquer endpoint especificado, com suporte aos métodos mais comuns e à configuração de headers, parâmetros, payloads e autenticação.

Exemplo de uso básico:

python

```
from airflow.providers.http.operators.http import
SimpleHttpOperator

disparar_webhook = SimpleHttpOperator(
    task_id='enviar_notificacao',
    http_conn_id='webhook_default',
    endpoint='notificar/disparo',
    method='POST',
    headers={"Content-Type": "application/json"},
    data='{"evento":"finalizado"}',
    response_check=lambda response: response.status_code ==
200,
    dag=dag
)
```

Parâmetros principais:

- http_conn_id: identificador da conexão HTTP cadastrada no Airflow

- endpoint: caminho do recurso dentro do host definido

- method: tipo de requisição (GET, POST, PUT, DELETE)

- headers: dicionário com cabeçalhos da requisição

- data: corpo da requisição (usado em POST e PUT)

- response_check: função para validar a resposta

A conexão webhook_default deve conter o host base da API e, se necessário, autenticação básica ou token. Isso é feito no menu Admin > Connections do Airflow.

Envio de Dados para Endpoints Externos

Enviar dados para APIs externas é uma tarefa comum em pipelines que precisam registrar eventos, enviar métricas, integrar-se com sistemas de notificação, ou disparar automações. O SimpleHttpOperator aceita payloads nos formatos JSON, XML ou texto plano, conforme exigido pelo destino.

Envio de dados de finalização de job:

python

```python
envio_resultado = SimpleHttpOperator(
    task_id='enviar_resultado',
    http_conn_id='api_resultados',
    endpoint='/api/v1/resultados',
    method='POST',
    headers={'Content-Type': 'application/json', 'Authorization': 'Bearer {{ var.value.api_token }}'},
    data='{"job_id": "{{ ds }}", "status": "sucesso"}',
    dag=dag
)
```

Nesse caso, o payload é montado manualmente com placeholders Jinja ({{ ds }}), permitindo dinamismo baseado na execução da DAG.

É importante garantir que os dados enviados estejam serializados corretamente. Para JSON, usar json.dumps() pode ser necessário quando se usa data= com dicionários.

Para envio de arquivos, como relatórios ou evidências, é preferível utilizar bibliotecas Python dentro de um PythonOperator, utilizando requests e manipulando arquivos binários com open() e multipart/form-data.

Consumo de APIs REST

Além de enviar dados, o Airflow também pode consumir APIs externas, como serviços de clima, preços de mercado, catálogos, configurações e outras informações operacionais. Nesse cenário, o método mais comum é o GET, e o resultado pode ser armazenado em XCom para uso em tarefas seguintes.

Modelo de requisição GET:

python

```python
consultar_preco = SimpleHttpOperator(
    task_id='consultar_preco_atual',
    http_conn_id='api_precos',
    endpoint='/cotacao/atual',
    method='GET',
    response_filter=lambda response:
response.json().get("valor"),
    log_response=True,
    dag=dag
)
```

O parâmetro response_filter permite extrair diretamente parte do resultado da requisição. Caso se queira armazenar o valor em XCom, é possível acessar o retorno da tarefa em tasks seguintes com:

python

```
preco =
task_instance.xcom_pull(task_ids='consultar_preco_atual')
```

Requisições GET com parâmetros também são possíveis via URL direta (endpoint='cotacao/atual?moeda=USD') ou passando argumentos no data (convertido para query string automaticamente em métodos GET).

Integração com Sistemas Externos por HTTP

Diversas plataformas corporativas permitem integrações por HTTP: ERPs, CRMs, ferramentas de notificação, sistemas de monitoramento, entre outros. O Airflow pode atuar como client para esses sistemas, ou receber comandos através de Webhooks (complementado por ferramentas externas que disparam DAGs via API).

Exemplos comuns de integração via HTTP:

- Disparar uma DAG do Airflow via POST em /api/v1/dags/<dag_id>/dagRuns

- Notificar o Microsoft Teams ou Slack com um alerta de erro

- Acionar um fluxo no Power Automate ou Integromat

- Atualizar registros em uma API RESTful de controle de produção

- Publicar dados em endpoints REST que alimentam dashboards em tempo real

Para ações mais complexas, onde há múltiplas etapas de

autenticação (OAuth2, JWT, etc.), é recomendado utilizar PythonOperator com bibliotecas como requests, controlando headers, tokens e renovação de sessão manualmente.

Resolução de Erros Comuns

Erro 401 (Unauthorized)
Solução: Verifique se o token ou método de autenticação está corretamente definido na conexão. Tokens dinâmicos devem ser lidos com Variable.get() ou montados em tempo de execução.

Erro: requisição falha com status code 500
Solução: vVerifique a validade dos parâmetros e o formato do corpo enviado.

Erro: Timeout na chamada HTTP
Solução: aumente o valor padrão com timeout=60 no operador ou revise a conectividade com o host remoto.

Erro ao processar resposta
Solução: certifique-se de que o response_filter ou response_check esteja lidando corretamente com os tipos de dados retornados. Use try/except para capturar falhas inesperadas.

Erro: falha de serialização JSON
Solução: sempre use json.dumps() ao montar o data com dicionários. Headers devem conter Content-Type: application/json.

Boas Práticas

- Separar conexões por ambiente (ex: api_prod, api_staging) e evitar sobrescrever URLs manualmente nas DAGs

- Utilizar Variable.get() para tokens de autenticação, evitando hardcoded

- Validar respostas com response_check para garantir que chamadas foram bem-sucedidas

- Utilizar DAGs com parâmetros para chamadas dinâmicas baseadas em contexto de execução

- Centralizar integração com APIs em módulos utilitários com tratamento de exceções

Resumo Estratégico

A capacidade de integração com APIs e Webhooks posiciona o Apache Airflow como uma ferramenta de automação altamente versátil, capaz de orquestrar fluxos além do mundo dos dados. Com o uso de operadores como SimpleHttpOperator e estratégias bem definidas de consumo e envio de informações por HTTP, torna-se possível conectar o Airflow a qualquer sistema externo moderno, seja para disparo, recebimento, coleta, processamento ou notificação.

Ao aplicar boas práticas como controle de autenticação, padronização de conexões e validação de respostas, as integrações tornam-se seguras, rastreáveis e resilientes. Com isso, o Airflow não apenas automatiza pipelines de dados, mas se transforma em um hub de automação central que integra processos, sistemas e times por meio de fluxos de execução inteligentes e conectados.

CAPÍTULO 17. TESTES LOCAIS E DEBUG DE DAGS

Garantir que DAGs estejam corretas, funcionais e livres de erros antes de colocá-las em produção é uma etapa essencial na engenharia de orquestração de dados com Apache Airflow. Diferente de sistemas tradicionais onde falhas podem ser facilmente controladas por rollbacks ou reprocessamentos rápidos, em workflows orquestrados por DAGs, falhas em produção podem gerar impactos em cadeia, corromper dados, interromper fluxos críticos e comprometer a confiança na plataforma.

Por isso, é fundamental que todo pipeline desenvolvido com Airflow passe por uma fase de testes locais e depuração (debug) antes de ser promovido para o ambiente produtivo. Essa etapa permite detectar erros de lógica, inconsistências em parâmetros, falhas de dependência, além de verificar se a estrutura geral da DAG se comporta como esperado em diferentes cenários de execução.

Abordaremos, neste módulo, as estratégias e comandos para executar testes locais de tarefas individuais, validar execuções com dados simulados, realizar debugging com prints, breakpoints e análise de logs. A ênfase será total na precisão prática, com foco na robustez do desenvolvimento técnico e na segurança operacional do deploy.

Comando airflow tasks test

O Airflow oferece o comando airflow tasks test para executar tarefas isoladas de uma DAG sem acionar o scheduler ou alterar os registros de metadados no banco de dados. Isso torna esse comando ideal para testes locais e verificações rápidas durante o desenvolvimento.

Formato básico:

bash

```
airflow tasks test <dag_id> <task_id> <execution_date>
```

Exemplo:

bash

```
airflow tasks test processamento_diario extrair_dados
2024-06-01
```

Esse comando executa a task extrair_dados da DAG processamento_diario como se fosse no dia 1º de junho de 2024, sem afetar outras tarefas. O execution_date pode ser qualquer data no formato ISO, e será utilizado internamente na interpolação de variáveis Jinja.

O output gerado inclui:

- Logs completos da execução

- Mensagens de erro (se houver)

- Valores de retorno (armazenados em XCom)

- Variáveis de contexto disponíveis

- Tempo total de execução

O teste permite simular múltiplos cenários ao alterar o execution_date, verificar lógica condicional baseada em datas, e confirmar se os scripts ou operadores estão operando conforme o esperado.

Debug com Prints e Logs Manuais

Durante o desenvolvimento de DAGs, uma das formas mais simples e eficazes de identificar comportamentos inesperados é a inserção de comandos de saída diretamente no código. Embora o uso de print() seja possível, o recomendado é utilizar o módulo logging do Python, que oferece maior controle e integração com o sistema de logs do Airflow:

python

```python
import logging


def transformar_dados(**kwargs):
    logging.info("Iniciando transformação")
    dados = obter_dados()
    logging.debug(f"Dados brutos: {dados}")
    resultado = processar(dados)
    logging.info(f"Resultado final: {resultado}")
    return resultado
```

Níveis de log disponíveis:

- logging.debug: uso técnico detalhado

- logging.info: mensagens de status e progresso

- logging.warning: possíveis problemas ou inconsistências

- logging.error: falhas críticas de execução

- logging.exception: imprime erro com traceback

Os logs são automaticamente incluídos nos registros da task e podem ser visualizados tanto no terminal (airflow tasks test) quanto na interface web após execução real.

Evitar logs excessivos com dados sensíveis ou grandes volumes de texto também é essencial. Em tarefas que lidam com dados pessoais, o ideal é mascarar ou anonimizar os valores antes de logar.

Uso de Breakpoints no VS Code

O depurador nativo do Visual Studio Code permite interromper a execução de uma DAG em qualquer linha de código e inspecionar variáveis em tempo real, o que é extremamente útil para depuração avançada. Esse processo pode ser aplicado quando a DAG ou operador está sendo desenvolvido e executado localmente com airflow tasks test.

Passos básicos para utilizar breakpoints:

1. Abra o código Python da DAG no VS Code

2. Defina um breakpoint clicando à esquerda da linha desejada

3. Crie uma configuração de debug em .vscode/launch.json:

json

```json
{
  "version": "0.2.0",
  "configurations": [
    {
      "name": "Airflow Task Debug",
```

```
    "type": "python",
    "request": "launch",
    "program": "${workspaceFolder}/venv/bin/airflow",
    "args": ["tasks", "test", "minha_dag", "minha_task",
"2024-06-01"],
    "console": "integratedTerminal"
    }
  ]
}
```

4. Inicie a execução com F5

A partir daí, o código será interrompido no breakpoint e será possível:

- Inspecionar variáveis

- Avaliar expressões

- Ver a pilha de chamadas (call stack)

- Modificar valores em tempo real

- Executar passo a passo com step over, step into, continue

Tal abordagem é especialmente útil para depurar operadores complexos, como integrações com APIs, transformações em lote, scripts Spark ou lógicas condicionais em BranchPythonOperator.

Simulação de Execuções Específicas

Além do uso de airflow tasks test, é possível simular execuções completas de DAGs com airflow dags test. Esse comando executa a DAG completa localmente, sem interagir com o scheduler, permitindo testar encadeamentos e dependências de tarefas.

bash

```
airflow dags test minha_dag 2024-06-01
```

O modo simula o comportamento real de uma execução programada no Airflow, acionando todas as tasks em sequência de acordo com suas dependências. É útil para validar se a DAG:

- Está estruturada corretamente

- Possui dependências bem definidas

- Não tem loops ou falhas de encadeamento

- Comporta-se conforme o esperado sob diferentes datas

Em casos onde se deseja testar apenas uma parte da DAG (por exemplo, um branch), é possível usar Trigger Rules e DAG params para forçar caminhos específicos.

Além disso, pode-se utilizar o recurso dag_run.conf em testes controlados para passar parâmetros personalizados para a DAG em tempo de execução.

Resolução de Erros Comuns

Erro: ImportError ao executar tarefa
Solução: verifique se todas as dependências estão instaladas no ambiente virtual ativo. Use pip freeze para confirmar.

Erro de DAG malformada
Solução: confirme se o dag_id está correto e se não há erros de indentação ou sintaxe. Execute airflow dags list para listar DAGs

reconhecidas.

Erro: Valor None em XCom
Solução: pode ser que a função da task não esteja retornando nada ou que o valor retornado não seja serializável. Confirme com return explícito.

Erro ao usar variável Jinja
Solução: Jinja só funciona com execution_date ou ds se a DAG estiver em contexto de execução. Use airflow tasks test com data válida.

Erro: Breakpoints não funcionam
Solução: verifique se o VS Code está apontando para o ambiente virtual correto e se a task está sendo iniciada dentro do debugger.

Erro: Task não aparece no gráfico
Solução: deve haver erro na definição do encadeamento de tarefas. Revise o uso de >>, set_upstream() ou dependências condicionais.

Boas Práticas

- Utilizar airflow tasks test sempre que alterar a lógica de uma task

- Configurar logging estruturado com logging.info() para facilitar análise

- Testar múltiplos execution_date para simular diferentes contextos

- Criar scripts de DAGs modulares com funções externas testáveis

- Manter variáveis e conexões fora do código, acessando-as via Variable.get() e BaseHook.get_connection()

Resumo Estratégico

A etapa de testes locais e debug de DAGs no Airflow é essencial para garantir a estabilidade e a previsibilidade dos pipelines antes que eles entrem em operação. Ao compreender ferramentas como airflow tasks test, airflow dags test, logs manuais e depuração com breakpoints, o desenvolvedor ganha total controle sobre o comportamento de suas DAGs em qualquer cenário de execução.

Essa abordagem reduz drasticamente falhas em produção, evita retrabalho e aumenta a confiança dos stakeholders nas automações criadas. Ao aplicar boas práticas de codificação, modularização, logging e simulação de execuções, é possível construir workflows resilientes, testáveis e prontos para escalar com segurança. Testar é parte do desenvolvimento — no Airflow, é parte vital da engenharia.

CAPÍTULO 18. TEMPLATES JINJA E MACROS

A utilização de templates Jinja e macros no Apache Airflow representa uma das funcionalidades mais poderosas para tornar DAGs e tarefas altamente dinâmicas, parametrizadas e adaptáveis a diferentes contextos de execução. Esses recursos permitem que strings, comandos, scripts e até mesmo argumentos de operadores sejam interpretados com base no contexto de cada run da DAG, utilizando variáveis como a data da execução, IDs de execução, horários formatados, intervalos entre execuções e outros elementos fornecidos automaticamente pelo scheduler do Airflow.

Com Jinja e macros, é possível evitar hardcoded, construir caminhos de arquivos com base em datas, parametrizar consultas SQL, gerar nomes únicos para arquivos, automatizar execuções com base em janelas de tempo, entre outras possibilidades. Isso resulta em DAGs mais limpas, reutilizáveis e robustas.

Neste módulo, exploraremos a aplicação prática dos templates Jinja, o conjunto completo de macros disponíveis, o uso de variáveis contextuais fornecidas pelo Airflow, estratégias para automatização de parâmetros dinâmicos e exemplos reais de aplicação, com foco total em precisão técnica, clareza operacional e boas práticas de engenharia de orquestração.

Aplicação de Jinja em Parâmetros

O Airflow utiliza a engine de templates Jinja2 para interpretar campos de operadores que estejam marcados como "templated".

Esses campos aceitam expressões envolvidas por {{ ... }} que serão avaliadas no momento da execução da DAG, com base no contexto da tarefa.

Exemplo básico com BashOperator:

python

```python
from airflow.operators.bash import BashOperator


tarefa = BashOperator(
    task_id='listar_arquivos',
    bash_command='ls /dados/input/{{ ds }}',
    dag=dag
)
```

O valor de {{ ds }} (data de execução no formato YYYY-MM-DD) será substituído dinamicamente a cada execução da DAG. Se a DAG for executada em 2024-06-01, o comando resultante será:

bash

```bash
ls /dados/input/2024-06-01
```

Esse recurso permite montar caminhos, nomes de arquivos, comandos SQL e URLs baseados na execução corrente da DAG, sem necessidade de lógica adicional no código Python.

Campos com suporte a template incluem:

- bash_command no BashOperator

- sql no PostgresOperator, BigQueryOperator, HiveOperator e outros

- data **no** SimpleHttpOperator

- file_path **no** PythonVirtualenvOperator, PythonOperator

- params **em qualquer operador**

Macros Disponíveis e Variáveis Contextuais

O Airflow fornece um conjunto de **macros** — funções utilitárias — que podem ser utilizadas dentro de templates para manipulação de datas, execução, metadados da DAG, e outras funções úteis.

Principais macros disponíveis:

- {{ ds }}: data de execução (ex: 2024-06-01)

- {{ ds_nodash }}: data sem traços (ex: 20240601)

- {{ ts }}: timestamp da execução (ex: 2024-06-01T00:00:00+00:00)

- {{ ts_nodash }}: timestamp sem traços

- {{ prev_ds }}: data da execução anterior

- {{ next_ds }}: data da execução seguinte

- {{ dag }}: objeto DAG atual

- {{ task }}: objeto Task atual

- {{ run_id }}: identificador único da DAG Run

- {{ execution_date }}: objeto datetime da execução (mais completo que ds)

- {{ macros.ds_add(ds, n) }}: **data resultante de somar/ subtrair** n **dias**

- {{ macros.datetime.utcnow() }}: **timestamp UTC atual**

- {{ macros.json.dumps(obj) }}: **serializa objeto JSON**

As macros são automaticamente disponibilizadas no escopo de cada tarefa no momento da renderização do template. É possível também definir macros personalizadas e adicioná-las no contexto de execução por meio de configurações avançadas.

Automatizando Parâmetros Dinâmicos

Uma das grandes vantagens do uso de templates Jinja é a capacidade de gerar parâmetros dinâmicos que se adaptam automaticamente à data de execução, sem a necessidade de codificação adicional.

Modelo com PythonOperator e uso de params:

python

```python
def carregar_arquivo(**kwargs):
    caminho = kwargs['params']['caminho']
    print(f"Lendo o arquivo de: {caminho}")


tarefa_dinamica = PythonOperator(
    task_id='ler_arquivo',
    python_callable=carregar_arquivo,
    params={'caminho': '/dados/input/{{ ds }}/arquivo.csv'},
    dag=dag
)
```

Neste caso, o campo params['caminho'] será automaticamente interpretado como /dados/input/2024-06-01/arquivo.csv quando a DAG for executada na data correspondente. Essa abordagem é útil para abstrair lógica e reaproveitar operadores sem reescrever código.

Outro exemplo com SQL dinâmico:

python

```
consulta = PostgresOperator(
    task_id='consultar_dados',
    postgres_conn_id='postgres_default',
    sql='SELECT * FROM vendas WHERE data_venda = DATE \'{{ ds }}\'",
    dag=dag
)
```

Esse tipo de parametrização é ideal para scripts SQL versionados ou reaproveitados por diferentes DAGs.

Casos Práticos com Execução por Data

As macros e templates são extremamente úteis para casos onde o pipeline precisa agir com base na data de execução:

- Caminhos de arquivos: leitura e gravação em diretórios particionados por data

- Consultas SQL: filtros temporais baseados em data de execução

- Nome de arquivos exportados: adicionar timestamp ao nome

- Organização de logs e relatórios: salvar outputs com nomes únicos

- Disparo de APIs: passagem de parâmetros dinâmicos como data_inicio e data_fim

Nome de arquivo com timestamp:

python

```
exportar = BashOperator(
    task_id='exportar_csv',
    bash_command='python exporta.py --saida /resultados/relatorio_{{ ts_nodash }}.csv',
    dag=dag
)
```

O arquivo resultante terá nome como relatorio_20240601T000000.csv, único por execução.

Outro modelo com particionamento em S3:

python

```
upload = PythonOperator(
    task_id='enviar_s3',
    python_callable=enviar_para_s3,
    op_kwargs={'pasta_destino': 's3://bucket/datalake/{{ ds }}/'},
    dag=dag
)
```

A lógica torna o pipeline totalmente adaptável ao tempo, sem necessidade de ifs ou formatação manual de strings.

Resolução de Erros Comuns

Erro: campo Jinja não é interpretado
Solução: certifique-se de que o campo está entre aspas e que o operador aceita templating no campo em questão. Nem todos os atributos são renderizados automaticamente.

Erro UndefinedError: 'ds' is undefined
Solução: o template está sendo avaliado fora do contexto de execução. Use apenas dentro de operadores com execução real ou utilize airflow tasks test.

Erro: parâmetro renderizado incorretamente
Solução: verifique se a macro está entre {{ }} e se há espaços ou quebras de linha indevidas. Macros são sensíveis à formatação.

Erro: dados de execução errados em scripts
Solução: confirme se a variável usada corresponde ao formato esperado. ds é string, execution_date é datetime. Utilize .strftime() se necessário.

Erro: falha ao executar DAG com Jinja em parâmetros
Solução: campos não suportados por template (como task_id, dag_id) não devem conter {{ }}. Utilize variáveis diretas para esses campos.

Boas Práticas

- Sempre verificar se o campo aceita template_fields antes de usar Jinja

- Utilizar macros padrão como ds, ts, run_id para identificar execuções

- Evitar hardcoded em paths, nomes de arquivos e parâmetros de filtros

- Documentar o uso de templates em comentários dentro do

código

- Validar renderização com airflow tasks render antes de executar DAG

Resumo Estratégico

Templates Jinja e macros no Apache Airflow oferecem uma camada avançada de flexibilidade para construção de DAGs inteligentes, parametrizadas e adaptáveis a diferentes contextos de execução. Eles permitem transformar pipelines estáticos em fluxos dinâmicos, orientados por tempo, regras e variáveis contextuais, sem necessidade de alterar código-fonte a cada nova execução.

Ao compreender o uso de {{ ds }}, {{ ts }}, {{ macros.ds_add }} e outras ferramentas de template, os engenheiros de dados conseguem estruturar DAGs mais reutilizáveis, menos propensas a erro e muito mais fáceis de manter e escalar. Com boas práticas, validações e organização do código, os templates se tornam uma ponte sólida entre a orquestração de processos técnicos e a adaptação dos workflows às necessidades reais de negócio.

CAPÍTULO 19. SEGURANÇA NO AIRFLOW

A segurança é um dos pilares fundamentais na orquestração de workflows de dados em ambientes corporativos. No Apache Airflow, a necessidade de controlar quem pode ver, alterar ou executar DAGs, bem como proteger credenciais e variáveis sensíveis, é crítica para a integridade operacional, confidencialidade das informações e conformidade com políticas de segurança, como LGPD, GDPR, HIPAA, entre outras.

Abordaremos neste capítulo como implementar segurança robusta no Airflow, cobrindo os principais mecanismos de autenticação e autorização, criação e gestão de usuários e papéis com RBAC, proteção de dados sensíveis como conexões e variáveis, e boas práticas de engenharia segura para ambientes de produção. O objetivo é capacitar o leitor a configurar um ambiente Airflow seguro, auditável e resiliente a acessos indevidos ou falhas de exposição.

Autenticação e Autorização

A camada de **autenticação** define como os usuários se identificam no sistema. O Airflow suporta diversos mecanismos de autenticação, como:

- Autenticação padrão por usuário/senha (base de dados local)

- Autenticação LDAP/Active Directory

- Autenticação via Google OAuth, GitHub, Auth0, Okta

- Autenticação com JWT (JSON Web Token)

- Autenticação com SSO empresarial (Single Sign-On)

A configuração é feita no arquivo webserver_config.py, onde se define o backend de autenticação com a variável AUTH_BACKEND.

Exemplo com autenticação por senha (default):

python

```python
from airflow.www.security import AirflowSecurityManager

AUTH_BACKEND = 'airflow.www.security.DefaultAuthBackend'
```

Com OAuth usando Google:

python

```python
AUTH_BACKEND =
'airflow.www.security.oauth2_auth.OAuth2PasswordBearer'
```

O suporte a OAuth requer configuração adicional no webserver_config.py, incluindo client_id, client_secret e scopes autorizados.

Além da autenticação, o Airflow conta com um sistema de autorização baseado em papéis (RBAC - Role-Based Access Control) que permite controlar exatamente quais recursos cada usuário ou grupo pode acessar. Esse sistema define:

- Ações: visualizar, editar, criar, deletar, executar

- Objetos: DAGs, tasks, conexões, variáveis, usuários, logs

- Papéis: conjuntos de permissões atribuídas a usuários

Criação de Usuários e Roles

A criação de usuários pode ser feita pela interface web, via CLI ou scripts Python utilizando a API interna do Airflow.

Via interface:

1. Vá em *Admin > Users*

2. Clique em + para adicionar novo usuário

3. Preencha nome, email, username, senha e atribua uma role

Via CLI:

bash

```
airflow users create \
  --username operador \
  --firstname Joao \
  --lastname Silva \
  --role User \
  --email joao@empresa.com
```

Papéis padrão do Airflow incluem:

- **Admin**: acesso total ao sistema

- **User**: acesso às DAGs, mas sem gerenciar conexões ou configurações globais

- **Op**: (Operator) pode executar DAGs, ver logs, mas não editar código

- **Viewer**: apenas leitura de DAGs e logs

- **Public**: acesso mínimo, geralmente desativado em ambientes privados

Também é possível criar papéis personalizados agrupando permissões específicas. Isso é feito na interface em *Admin > Roles*, onde pode-se montar perfis com base em necessidades reais, como:

- DataAnalyst: pode executar DAGs de leitura e ver logs de tasks

- DataEngineer: pode editar DAGs, criar conexões e variáveis

- DevOps: pode pausar DAGs e visualizar falhas do scheduler

Usuários também podem ter múltiplos papéis, o que permite flexibilidade na concessão de privilégios sem redundância.

RBAC e Controle de Acesso

O sistema RBAC é ativado por padrão em versões recentes do Airflow. Caso esteja utilizando uma versão mais antiga, a ativação é feita no airflow.cfg:

ini

```
[webserver]
rbac = True
```

Com RBAC ativado, cada ação realizada via interface ou API é submetida a uma verificação de permissão. Isso significa que um usuário sem o direito de "Can Edit on DAG" não conseguirá editar o código de uma DAG, mesmo que tenha acesso à interface.

Principais objetos de permissão:

- DAGs (por ID ou wildcard)

- Connections

- Variables

- Pools

- Task Instances

- XCom

- Configuration

- Plugins

O acesso pode ser concedido por DAG individual, permitindo que times diferentes operem DAGs separadas sem conflitos ou riscos de exposição.

Exemplo de política segmentada:

- O time de dados financeiros pode acessar apenas DAGs com prefixo fin_

- O time de engenharia de dados pode editar DAGs etl_ e raw_

- Usuários de negócio só podem visualizar logs e pausar execuções

O controle refinado é ideal para ambientes multiusuários e multi-equipes, com diferentes responsabilidades operacionais sobre os pipelines.

Proteção de Variáveis Sensíveis

O Airflow armazena variáveis e conexões no banco de metadados. Essas informações podem incluir credenciais, tokens de API, strings de conexão com bancos de dados e segredos operacionais. Por padrão, todas as variáveis e conexões são visíveis para qualquer usuário com acesso à interface, o que representa um risco.

Para proteger essas informações, o Airflow oferece:

- Criptografia com Fernet Key: valores são criptografados antes de serem salvos no banco

- Campos sensíveis ocultos: senhas e tokens são marcados como hidden e não aparecem em logs

- Variáveis sensíveis: valores marcados como "hidden" ao criar uma variável

A Fernet Key deve ser definida no airflow.cfg:

ini

```
[core]
fernet_key = your_generated_key_here
```

A chave pode ser gerada com:

bash

```
python -c "from cryptography.fernet import Fernet;
print(Fernet.generate_key().decode())"
```

Além disso, é possível mover a gestão de segredos para sistemas externos como AWS Secrets Manager, HashiCorp Vault, Azure

Key Vault e Google Secret Manager, utilizando o parâmetro secrets_backend no airflow.cfg ou no values.yaml do Helm Chart.

Essa abordagem garante que os segredos não fiquem armazenados no banco de metadados e que o acesso seja auditável e gerenciado por políticas externas.

Resolução de Erros Comuns

Erro: usuário consegue acessar DAGs de outros times
Solução: verifique se a política RBAC está corretamente aplicada. Remova o papel Admin se não for necessário.

Erro 403 ao acessar a interface
Solução: usuário pode estar sem permissão mínima de leitura. Atribua um papel com pelo menos acesso de visualização (Viewer).

Erro: senha armazenada aparece no campo de variáveis
Solução: ao criar variáveis com tokens ou senhas, marque como "hidden" ou migre para secrets backend com criptografia.

Erro ao criar usuários via CLI
Solução: confirme se o banco de metadados está inicializado e se o role informado existe. Use airflow roles list para verificar.

Erro: Token OAuth inválido
Solução: revalide configurações de callback e scopes no provedor OAuth. Certifique-se de que os endpoints estão corretos.

Boas Práticas

- Ativar RBAC em todas as instâncias do Airflow

- Utilizar autenticação OAuth ou LDAP para ambientes corporativos

- Criar papéis personalizados com base em necessidades reais dos usuários

- Evitar uso do papel Admin como padrão para novos usuários

- Aplicar a política de menor privilégio (Least Privilege)

Resumo Estratégico

A segurança no Apache Airflow deve ser tratada como uma prioridade desde as fases iniciais de implantação e desenvolvimento. Com mecanismos robustos de autenticação, controle de acesso refinado por RBAC, criptografia de dados sensíveis e integração com provedores externos de identidade e segredos, o Airflow pode ser executado com alto nível de confiança mesmo em ambientes regulados e críticos.

Ao adotar uma abordagem baseada em boas práticas, com segregação de funções, políticas de menor privilégio e auditoria ativa, a plataforma se mantém resiliente contra acessos indevidos, exposições acidentais de dados e erros operacionais.

CAPÍTULO 20. AIRFLOW REST API

O Apache Airflow oferece uma API REST poderosa que permite controlar e interagir com quase todos os recursos da plataforma de forma programática. A REST API, especialmente a versão 2 (API v2), é baseada em padrões modernos e bem definidos, suportando operações como criação, atualização, execução e exclusão de DAGs, tarefas, conexões e variáveis. Isso possibilita a automação de processos, integração com sistemas externos, implementação de pipelines autoajustáveis e construção de dashboards personalizados para monitoramento.

A API REST do Airflow permite que sistemas externos, aplicações web, scripts de orquestração e ferramentas CI/CD interajam diretamente com o ambiente de orquestração de dados, sem intervenção manual pela interface. Ao dominar essa camada de comunicação, engenheiros de dados ganham uma nova dimensão de controle e eficiência operacional.

Endpoints Disponíveis na API v2

A API v2 do Airflow é disponibilizada em todas as versões recentes e segue o padrão OpenAPI (Swagger), permitindo navegação por interface gráfica e documentação automática. Ela está disponível no caminho padrão:

ruby

```
http://<airflow_host>:8080/api/v1/
```

E a documentação Swagger é acessada por:

bash

http://<airflow_host>:8080/api/v1/ui/

Principais endpoints disponíveis:

- **/dags**: listar, criar, atualizar e deletar DAGs

- **/dags/{dag_id}/dagRuns**: gerenciar execuções de DAGs

- **/dags/{dag_id}/tasks**: acessar e gerenciar tarefas de uma DAG

- **/dags/{dag_id}/dagRuns/{dag_run_id}/taskInstances**: status de tarefas em execução

- **/variables**: criar, listar e deletar variáveis

- **/connections**: gerenciar conexões (conn_id)

- **/pools**: consultar e alterar pools de execução

- **/config**: obter parâmetros de configuração

- **/users**: criar e listar usuários (se habilitado)

Cada endpoint suporta diferentes métodos HTTP (GET, POST, PATCH, DELETE) de acordo com a função específica.

Métodos GET, POST e DELETE

O uso de métodos HTTP segue o padrão RESTful. O método GET é usado para consulta, POST para criação, PATCH para atualização parcial e DELETE para remoção de registros.

Exemplo de uso com curl para listar todas as DAGs:

bash

```
curl -X GET "http://localhost:8080/api/v1/dags" -H
"Authorization: Basic base64user:senha"
```

Criação de uma execução de DAG (trigger manual):

bash

```
curl -X POST "http://localhost:8080/api/v1/dags/etl_diario/
dagRuns" \
   -H "Content-Type: application/json" \
   -H "Authorization: Basic base64user:senha" \
   -d '{"conf": {"parametro_entrada": "valor"}}'
```

Para deletar uma variável:

bash

```
curl -X DELETE "http://localhost:8080/api/v1/variables/
token_secreto" \
   -H "Authorization: Basic base64user:senha"
```

Para realizar chamadas autenticadas, o método mais simples é a autenticação básica com Authorization: Basic, porém em ambientes corporativos é altamente recomendado usar autenticação via token (Bearer) ou integração com OAuth2.

Automação Externa via API

Com a API REST do Airflow é possível implementar uma série de automações externas, como:

- Disparo automático de DAGs por sistemas externos (ERP, CRM, sistemas de monitoramento)

- Coleta periódica de status de DAGs para dashboards

internos

- Criação de DAGs temporárias ou parametrizadas por sistemas de ingestão

- Sincronização de variáveis e conexões a partir de um repositório seguro

- Integração com ferramentas de CI/CD para deploy contínuo de DAGs

- Registro e remoção programática de conexões a bancos, APIs e sistemas analíticos

As automações aumentam a autonomia das equipes, reduzem erros manuais e permitem que o Airflow atue como núcleo operacional em arquiteturas mais amplas.

Exemplo de Integração com Sistemas

Um caso comum é a integração com um sistema de ingestão de arquivos que, ao detectar a chegada de um novo lote de dados, aciona uma DAG específica no Airflow.

Código Python com requests:

python

```python
import requests
import json


url = "http://localhost:8080/api/v1/dags/ingestao_lote/dagRuns"
headers = {
    "Content-Type": "application/json",
    "Authorization": "Basic base64user:senha"
```

```
}

data = {
    "conf": {
        "arquivo": "lote_20240601.csv",
        "origem": "sftp_cliente"
    }
}

response = requests.post(url, headers=headers,
data=json.dumps(data))

if response.status_code == 200:
    print("DAG disparada com sucesso.")
else:
    print(f"Erro: {response.status_code} - {response.text}")
```

Outro exemplo é criar uma interface web customizada onde usuários de negócio possam disparar uma DAG manualmente sem acessar o Airflow. Essa interface envia uma requisição POST para o endpoint /dags/{dag_id}/dagRuns com os parâmetros desejados, simplificando o uso para perfis não técnicos.

Resolução de Erros Comuns

Erro 403 (Forbidden) ao acessar API
Solução: O usuário não possui permissões suficientes. Confirme se a role atribuída permite ações na API. RBAC deve estar corretamente configurado.

Erro 401 (Unauthorized)
Solução: usuário ou senha inválida, ou token expirado. Em ambientes autenticados por OAuth, verifique se o token está correto e vigente.

Erro: falha na criação de dagRun
Solução: verifique se o dag_id existe, se a DAG está ativada e se os parâmetros enviados estão corretamente definidos no campo conf.

Erro 500 (Internal Server Error) ao consultar tasks
Solução: pode ser problema de comunicação com o banco de metadados ou DAG corrompida. Verifique os logs do webserver e scheduler.

Erro: variável não encontrada após criação
Solução: a criação de variáveis via API é imediata, mas algumas DAGs podem precisar de um *refresh* ou restart do scheduler para reconhecer novas variáveis dependendo da configuração.

Boas Práticas

- Habilitar apenas os endpoints necessários para cada aplicação externa

- Utilizar tokens de autenticação em vez de credenciais fixas

- Monitorar uso da API com logs e alertas para identificar abusos ou falhas

- Validar os dados enviados nos campos conf para evitar erros de execução

- Definir quotas ou limites de requisições por IP ou aplicação

- Segmentar o acesso com roles dedicadas para integração (ex: CI, Ingestao_API) com permissões mínimas

Resumo Estratégico

A REST API v2 do Apache Airflow transforma a plataforma em um verdadeiro hub de automação e integração, permitindo o controle programático de DAGs, execuções, variáveis, conexões e tarefas. Com ela, é possível conectar o Airflow a qualquer sistema corporativo, disparar pipelines sob demanda, coletar dados operacionais para visualização, gerenciar recursos remotamente e habilitar automações avançadas com total rastreabilidade.

Ao compreender os principais endpoints, métodos de requisição, estrutura de payloads e estratégias de segurança, engenheiros de dados podem construir soluções modernas, desacopladas e altamente responsivas. Quando bem implementada, a camada de API do Airflow permite elevar o nível de automação da organização, integrando pessoas, processos e tecnologias sob um único núcleo operacional.

CAPÍTULO 21. VERSIONAMENTO DE DAGS

O versionamento de DAGs é uma prática essencial para garantir rastreabilidade, controle de alterações, integridade operacional e consistência entre ambientes no uso do Apache Airflow. Em projetos de engenharia de dados com múltiplas equipes e pipelines em produção, o código que define os workflows precisa estar sempre sob controle rigoroso de mudanças. O Airflow, por ser uma plataforma baseada em código Python, favorece diretamente essa abordagem por meio da integração com sistemas de versionamento como Git.

Adotar práticas de versionamento para DAGs não apenas melhora a colaboração entre times, mas também reduz falhas em produção, permite rollback imediato de alterações, facilita revisões de código (code review) e habilita processos de integração e entrega contínua (CI/CD).

Controle por Git

Utilizar Git para versionar DAGs é uma das práticas mais fundamentais na gestão de pipelines com Airflow. Todo o conteúdo do diretório dags/, além dos scripts auxiliares, arquivos de configuração e plugins, deve estar armazenado em um repositório Git.

A estrutura mínima de versionamento pode seguir este modelo:

/airflow-dags

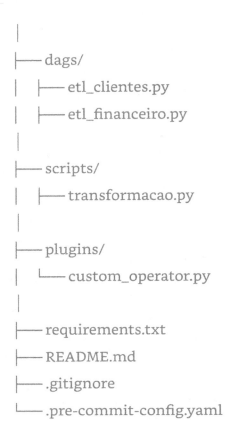

```
|
├── dags/
|   ├── etl_clientes.py
|   ├── etl_financeiro.py
|
├── scripts/
|   ├── transformacao.py
|
├── plugins/
|   └── custom_operator.py
|
├── requirements.txt
├── README.md
├── .gitignore
└── .pre-commit-config.yaml
```

Cada alteração feita em qualquer DAG deve ser registrada como um *commit* descritivo. Isso permite que o histórico de alterações seja rastreado, que múltiplos desenvolvedores trabalhem paralelamente e que o código passe por processos de validação antes de ir para produção.

Além do versionamento simples, boas práticas incluem:

- Usar git tag para marcar versões de releases de DAGs

- Aplicar convenções de mensagens de commit (ex: Conventional Commits)

- Adotar pre-commits para linting, checagem de sintaxe e

validação de templates

- Evitar commits diretos na branch principal (usar merge requests/pull requests com revisão)

O uso de Git traz segurança e previsibilidade ao ciclo de desenvolvimento, transformando a DAG em um componente gerenciado como qualquer outro código-fonte corporativo.

Estratégias de Branches por Ambiente

Em ambientes profissionais, geralmente existem múltiplos ambientes de execução do Airflow: desenvolvimento (dev), homologação (staging) e produção (prod). Cada um desses ambientes pode receber DAGs em momentos diferentes, de acordo com o fluxo de testes e validações.

A estratégia mais comum é utilizar branches específicas para cada ambiente:

- main ou prod: código validado em produção

- staging: código em fase de testes integrados

- develop: branch de desenvolvimento ativo

- branches de features: para cada nova DAG ou alteração específica

Fluxo típico:

1. O desenvolvedor cria uma nova DAG ou altera uma existente na branch develop

2. Após testes locais e revisão, faz merge na branch staging

3. A DAG é testada em staging com dados reais, porém

sem impactos no sistema

4. Após validação, o código é promovido para main ou prod via merge

Esse modelo favorece a estabilidade do ambiente produtivo, ao mesmo tempo em que permite inovação contínua com segurança. Pode-se adicionar proteções às branches via políticas no GitHub, GitLab ou Bitbucket, exigindo revisões obrigatórias ou aprovação de pares.

Deploy Automatizado com CI/CD

Uma vez que as DAGs estejam versionadas no Git, o passo natural é automatizar seu deploy com ferramentas de integração e entrega contínua (CI/CD). O processo típico de CI/CD para Airflow envolve:

- Validação do código (linting, testes, templates Jinja)

- Deploy automático das DAGs aprovadas para o servidor Airflow

- Atualização do diretório dags/ no ambiente de destino

- Reinício (quando necessário) do scheduler ou trigger de refresh

Exemplo de pipeline CI/CD com GitHub Actions:

yaml

```
name: Deploy DAGs to Production


on:
  push:
```

```yaml
    branches:
      - main

jobs:
  deploy:
    runs-on: ubuntu-latest
    steps:
      - uses: actions/checkout@v2

      - name: Deploy DAGs via SSH
        uses: appleboy/scp-action@master
        with:
          host: ${{ secrets.HOST }}
          username: ${{ secrets.USERNAME }}
          key: ${{ secrets.SSH_KEY }}
          source: "dags/"
          target: "/opt/airflow/dags/"
```

Em ambientes containerizados, o deploy pode ser feito com rebuild de imagens Docker:

bash

```bash
docker build -t airflow-prod:latest .
docker push registry.example.com/airflow-prod
kubectl rollout restart deployment airflow-webserver
```

O modelo descrito permite deploy automatizado a cada merge em main, com histórico de mudanças e rollback rápido em caso de falha.

Ferramentas comuns para CI/CD com Airflow incluem:

- GitHub Actions

- GitLab CI

- Jenkins

- Bitbucket Pipelines

- ArgoCD (em ambientes Kubernetes)

Monitoramento de Mudanças em Produção

Controlar alterações em produção é essencial para garantir estabilidade e rastreabilidade. Algumas boas práticas de monitoramento incluem:

- Ativar logs de auditoria para listar quem modificou DAGs, quando e com que conteúdo

- Monitorar o diretório dags/ com ferramentas como inotify, Prometheus Exporters ou scripts personalizados

- Criar DAGs de auditoria que listam, comparam e validam o conteúdo atual das DAGs no servidor

- Armazenar run_id e dag_run.conf a cada execução para rastreio posterior

- Validar se DAGs em produção correspondem à última versão da branch main com scripts de comparação por hash

- Manter backup automático das DAGs de produção (ex: zipagens diárias do diretório dags/)

Dessa forma, é possível detectar deploys manuais não autorizados, divergência entre branches e alterações acidentais.

Resolução de Erros Comuns

Erro: DAG não aparece após deploy
Solução: verifique se o arquivo .py está no diretório correto e sem erros de sintaxe. Use airflow dags list para confirmar.

Erro: template Jinja não renderiza corretamente
O campo que utiliza a macro pode não estar marcado como template_fields. Refaça o operador ou adicione logs com logging.info().

Erro ao subir DAG nova com nome duplicado
Solução: o dag_id deve ser único no cluster. Remova DAGs antigas ou altere o identificador.

Erro: CI falha ao fazer push
Solução: confirme se a chave SSH está corretamente configurada nos secrets da ferramenta de CI/CD e se o host remoto aceita a conexão.

Erro: Rollout automático do container não atualiza DAGs
Solução: verifique se o diretório montado contém os arquivos atualizados ou se o volume persistente está sobrescrevendo a pasta dags.

Boas Práticas

- Armazenar todo o código de DAGs em Git, com histórico completo

- Manter scripts, configs e plugins no mesmo repositório (ou submódulos)

- Criar pipelines CI/CD com validação antes do deploy

- Implementar branches por ambiente e políticas de aprovação

- Usar tags ou releases para marcar versões implantadas

- Aplicar linters e validadores automáticos em airflow dags list, airflow tasks test, airflow dags check

Resumo Estratégico

Versionar DAGs no Apache Airflow não é apenas uma prática recomendada, mas uma necessidade para ambientes que valorizam estabilidade, rastreabilidade e governança. O uso de Git como base de controle, combinado com estratégias inteligentes de branching, integração contínua e deploy automatizado, estabelece uma cultura de engenharia de dados moderna, confiável e escalável.

Ao garantir que todas as alterações em DAGs passem por revisão, validação e rastreamento automático, as equipes aumentam a qualidade dos pipelines, reduzem incidentes em produção e conseguem evoluir seus fluxos com segurança. O Airflow se integra perfeitamente com ferramentas modernas de DevOps, permitindo que workflows de dados sejam tratados com o mesmo rigor técnico aplicado ao desenvolvimento de software profissional.

CAPÍTULO 22. ESCALANDO COM CELERY EXECUTOR

O Celery Executor é uma das opções mais robustas e escaláveis do Apache Airflow para ambientes que exigem paralelismo intensivo, distribuição de carga e alta disponibilidade. Sua arquitetura distribuída permite separar a execução das tarefas em múltiplos workers, espalhados por diferentes servidores físicos ou containers, enquanto o scheduler continua centralizado. A comunicação entre os componentes é intermediada por um broker de mensagens como Redis ou RabbitMQ, o que proporciona resiliência e desacoplamento entre os processos de orquestração e execução.

Diferente do LocalExecutor — que executa todas as tarefas no mesmo host do scheduler — o Celery Executor distribui as tasks por workers que podem escalar horizontalmente conforme a demanda. Isso é essencial para pipelines com múltiplas DAGs, execução paralela intensa e necessidade de isolamento de tarefas críticas.

Arquitetura distribuída do Celery

A arquitetura do Celery Executor no Airflow é composta pelos seguintes elementos:

- **Scheduler**: responsável por decidir quais tarefas devem ser executadas e quando. Ele não executa tasks, apenas envia comandos ao broker.

- **Broker de mensagens (Redis ou RabbitMQ)**: recebe os comandos do scheduler e enfileira as tasks para execução.

- **Workers Celery**: instâncias que escutam o broker e executam as tarefas quando as recebem. Cada worker pode processar múltiplas tasks simultaneamente, de acordo com sua capacidade de CPU e memória.

- **Backend de resultados (metadatabase)**: onde os resultados, logs, estados e metadados das tarefas são armazenados e consultados.

Fluxo operacional:

1. O scheduler identifica que uma task está pronta para execução.

2. Ele envia uma mensagem para o broker com as instruções da task.

3. Um worker Celery disponível lê a mensagem do broker e executa a task.

4. O estado da task (success, failed, etc.) é reportado de volta ao metadatabase.

5. O Airflow Web UI reflete o status atualizado para o usuário.

A separação permite que os workers sejam escalados horizontalmente conforme a carga, que falhas em um worker não afetem outros, e que o sistema continue funcional mesmo com milhares de tarefas sendo processadas simultaneamente.

Redis ou RabbitMQ como Broker

O Celery Executor necessita de um broker de mensagens para intermediar a comunicação entre scheduler e workers. Os dois brokers suportados oficialmente são Redis e RabbitMQ. A escolha entre eles deve considerar o cenário de uso, a familiaridade da equipe com a tecnologia e os requisitos de confiabilidade e performance.

- **Redis**: mais simples de configurar, boa performance para workloads padrão, ideal para clusters de pequeno a médio porte. Pode ser utilizado em modo standalone ou em cluster.

- **RabbitMQ**: arquitetura mais robusta, suporte avançado a filas, exchanges, roteamento de mensagens e alta disponibilidade. Mais indicado para ambientes críticos com múltiplas filas e roteamento complexo.

Configuração no airflow.cfg (exemplo com Redis):

ini

```ini
[core]
executor = CeleryExecutor


[celery]
broker_url = redis://redis_host:6379/0
result_backend = db+postgresql://
airflow:senha@postgres_host/airflow
```

Com RabbitMQ:

ini

```ini
[celery]
broker_url = amqp://airflow:senha@rabbitmq_host:5672/
airflow
```

Ambos os brokers devem estar acessíveis para todos os componentes do cluster Airflow (scheduler e todos os workers). É altamente recomendado que o broker esteja em um host dedicado e monitorado, com autenticação forte e encriptação TLS habilitada.

Balanceamento de Carga entre Workers

Em um ambiente com múltiplos workers Celery, o balanceamento de carga ocorre naturalmente por meio da fila de mensagens. Cada worker consome as tasks conforme sua disponibilidade. No entanto, é possível afinar o comportamento por meio de configurações específicas:

- worker_concurrency: número máximo de tarefas executadas simultaneamente por worker.

- worker_prefetch_multiplier: quantas tasks o worker puxa do broker de uma vez (default: 4).

- task_acks_late: define se o worker reconhece a execução da task somente após sua conclusão (recomendado: True).

- worker_max_tasks_per_child: número máximo de tasks antes de reiniciar o processo do worker (previne vazamentos de memória).

No airflow.cfg:

ini

[celery]

worker_concurrency = 8

worker_prefetch_multiplier = 1

task_acks_late = True

```
worker_max_tasks_per_child = 100
```

É possível também criar filas específicas com queue= nos operadores, e configurar workers dedicados para processar apenas determinadas filas, promovendo isolamento entre cargas críticas e secundárias:

python

```python
from airflow.operators.bash import BashOperator


task = BashOperator(
    task_id='processar_critico',
    bash_command='processa_dados.sh',
    queue='fila_critica',
    dag=dag
)
```

Worker escutando apenas a fila:

bash

```bash
airflow celery worker -q fila_critica
```

Adotar essa abordagem permite segmentar recursos e garantir que tarefas prioritárias não fiquem presas em filas congestionadas por processos menos importantes.

Tuning de Performance

Para ambientes com alta taxa de execução, DAGs pesadas ou grande volume de dados processados, é necessário aplicar otimizações no cluster Airflow:

- Ativar logging assíncrono (remote_logging = True) **para evitar sobrecarga de disco local**

- Ajustar parallelism, dag_concurrency **e** max_active_runs_per_dag **para refletir a capacidade real dos workers**

- Aumentar sql_alchemy_pool_size **e** sql_alchemy_max_overflow **no banco de metadados para lidar com múltiplas conexões simultâneas**

- Usar Redis em modo cluster para maior tolerância a falhas

- Monitorar o consumo de CPU e RAM dos workers com Prometheus + Grafana

- Empacotar DAGs e operadores pesados em imagens Docker otimizadas para reduzir tempo de inicialização

- Configurar celeryd_autoscale **em ambientes com Celery nativo para ativar/desativar workers automaticamente com base na demanda**

Modelo de DAG com tarefas paralelas otimizadas:

python

```python
with DAG('etl_multiprocesso', max_active_runs=3,
concurrency=20) as dag:
    tarefas = []
    for i in range(20):
        tarefas.append(BashOperator(
            task_id=f'processo_{i}',
            bash_command=f'echo "Processando {i}"',
```

```
    queue='padrao'
))
```

Resolução de Erros Comuns

Erro: Tasks ficam presas em estado queued
Solução: verifique se há workers ativos escutando a fila correta.
Confirme se o broker está online e aceitando conexões.

Erro de conexão com o broker
Solução: certifique-se de que o host e porta do Redis ou RabbitMQ
estão acessíveis a partir dos containers/hosts dos workers. Use
IPs fixos ou nomes DNS válidos.

Erro: Workers executam, mas não reportam status
Solução: pode ser erro no result_backend. Verifique se o banco
está acessível e se os workers possuem permissão de escrita.

Erro: Celery worker reinicia constantemente
Solução: possível falha de memória, excesso de tarefas
simultâneas ou vazamento em código da task. Ajuste
worker_concurrency e worker_max_tasks_per_child.

Erro: mensagem "Task not found" no log
Solução: Task foi removida ou DAG alterada sem atualização de
imagem/container. Reinicie os workers ou limpe o cache da DAG.

Boas Práticas

- Utilizar workers dedicados para filas específicas (ex: alta_prioridade, longa_duracao)

- Monitorar o broker com ferramentas como redis-cli, rabbitmqctl ou Prometheus

- Configurar alertas para DAGs travadas, filas congestionadas e workers inativos

- Automatizar o deploy de novos workers com Docker Compose, Kubernetes ou Ansible

- Manter task_acks_late = True para evitar perda de tasks após falha do worker

Resumo Estratégico

O Celery Executor posiciona o Apache Airflow como uma plataforma de orquestração de dados verdadeiramente escalável, resiliente e adequada a ambientes de missão crítica. Sua arquitetura distribuída permite que tarefas sejam executadas em paralelo por múltiplos workers, suportando cargas variáveis com eficiência e flexibilidade. A utilização de brokers como Redis ou RabbitMQ garante desacoplamento e confiabilidade na comunicação entre componentes, enquanto estratégias de tuning e segmentação de filas otimizam o uso dos recursos disponíveis.

Com o entendimento técnico da configuração do Celery Executor, o engenheiro de dados ganha controle total sobre a execução dos pipelines, podendo escalar horizontalmente conforme a demanda, isolar tarefas críticas, manter alta disponibilidade e garantir entregas consistentes em ambientes dinâmicos. O Airflow, quando bem ajustado com o Celery Executor, torna-se o coração da automação inteligente de dados corporativos, pronto para operar em grande escala com robustez e governança.

CAPÍTULO 23. LOGGING E AUDITORIA

O Apache Airflow, como plataforma de orquestração de dados, exige uma infraestrutura de logging robusta e mecanismos de auditoria confiáveis para garantir rastreabilidade, diagnóstico eficiente e conformidade com políticas corporativas e regulatórias. Em ambientes de produção, os logs são a principal fonte de evidência para investigar falhas, validar execuções e comprovar a integridade dos fluxos de dados. Quando combinados com práticas avançadas de auditoria, os sistemas de logging também se tornam elementos centrais na governança operacional e no controle de acesso.

Neste módulo, vamos explorar as possibilidades de logging avançado no Airflow, incluindo a configuração de backends de log externos, a integração com ELK Stack (Elasticsearch, Logstash, Kibana), estratégias de auditoria de execução, técnicas para retenção e rotação de logs, bem como a resolução de problemas recorrentes e as boas práticas essenciais para manter a operação auditável, rastreável e segura.

Configuração de Logs Externos

Por padrão, o Airflow armazena os logs das tarefas localmente no diretório:

php-template

```
~/airflow/logs/<dag_id>/<task_id>/<execution_date>/
```

Em ambientes com múltiplos workers ou executores distribuídos (Celery, Kubernetes), esse modelo torna-se limitado, pois cada instância mantém seus próprios arquivos. Para resolver isso, o Airflow permite configurar logging remoto, direcionando os logs para backends externos como Amazon S3, Google Cloud Storage, Azure Blob Storage ou ElasticSearch.

A ativação do logging remoto é feita no arquivo airflow.cfg:

ini

```ini
[logging]
remote_logging = True
remote_log_conn_id = s3_logs
remote_base_log_folder = s3://airflow-logs
encrypt_s3_logs = False
logging_level = INFO
```

Ou com Google Cloud:

ini

```ini
remote_log_conn_id = google_cloud_default
remote_base_log_folder = gs://airflow-logs
```

Além disso, é necessário garantir que a conexão (conn_id) referenciada esteja corretamente configurada com credenciais válidas.

O Airflow realiza upload automático dos logs ao final de cada task, garantindo centralização, persistência e acessibilidade. Isso é essencial em ambientes Kubernetes ou multi-node, onde o log local pode ser efêmero.

Integração com ELK Stack

A pilha ELK (Elasticsearch, Logstash, Kibana) é uma das soluções mais completas para observabilidade, combinando indexação de dados (Elastic), transformação e ingestão (Logstash) e visualização (Kibana). Integrar o Airflow com ELK permite armazenar logs estruturados, realizar buscas detalhadas e visualizar métricas em tempo real.

Passos para integração:

1. Configurar ElasticSearch como backend de logs

No airflow.cfg:

ini

```ini
remote_logging = True

logging_config_class =
custom_logging_config.LOGGING_CONFIG
```

2. Criar um arquivo customizado custom_logging_config.py com o conteúdo:

python

```python
from airflow.config_templates.airflow_local_settings import DEFAULT_LOGGING_CONFIG
import os


LOGGING_CONFIG = DEFAULT_LOGGING_CONFIG.copy()


LOGGING_CONFIG['handlers']['task'] = {
```

```
    'class':
'airflow.utils.log.elasticsearch_task_handler.ElasticsearchTask
Handler',

    'formatter': 'airflow',

    'base_log_folder':
os.environ.get('AIRFLOW__LOGGING__BASE_LOG_FOLDER', '/
opt/airflow/logs'),

    'log_id_template': '{dag_id}-{task_id}-{execution_date}-
{try_number}',

    'filename_template': '{dag_id}/{task_id}/{execution_date}/
{try_number}.log',

    'end_of_log_mark': 'end_of_log',

    'es_kwargs': {

        'es_host': 'http://elasticsearch:9200',

        'log_id_template': '{dag_id}-{task_id}-{execution_date}-
{try_number}',

        'index_name': 'airflow-logs'

    }

}
```

3. Subir os serviços do ELK Stack com Docker ou Kubernetes

4. Configurar dashboards no Kibana para visualizar os logs por DAG, task, status, timestamp ou mensagem

Assim, cada execução de task envia os logs diretamente para o ElasticSearch, de onde podem ser consultados de forma rápida e eficiente, mesmo em ambientes com milhares de execuções diárias.

Auditoria de Execução de DAGs

A auditoria em ambientes Airflow visa rastrear ações críticas realizadas por usuários, tais como:

- Criação, edição ou exclusão de DAGs

- Disparo manual de execuções

- Pausa e retomada de DAGs

- Alteração de conexões e variáveis

- Mudanças em permissões de acesso (RBAC)

Embora o Airflow não tenha, por padrão, um sistema completo de auditoria, é possível implementar logs de auditoria customizados utilizando:

- O recurso de callback em DAGs (on_success_callback, on_failure_callback)

- Middleware em sistemas externos conectados via API REST

- Logging customizado via operadores específicos de auditoria

- Acompanhamento das modificações no banco de metadados

- Registros em tabelas auxiliares por PythonOperator

Exemplo de uso de on_success_callback para log de auditoria:

python

```
def registrar_sucesso(context):
    dag_id = context['dag'].dag_id
    task_id = context['task'].task_id
    execution_date = context['execution_date']
    print(f'[AUDITORIA] DAG: {dag_id} | Task: {task_id} | Data: {execution_date}')


dag = DAG(
    dag_id='pipeline_financeiro',
    on_success_callback=registrar_sucesso,
    schedule_interval='@daily',
    catchup=False
)
```

Deste modo, registra-se automaticamente um log em cada execução bem-sucedida, com possibilidade de armazenar em banco, enviar para API externa ou logar em ElasticSearch.

Retenção e Rotação de Logs

Logs em ambientes de dados crescem rapidamente. DAGs que executam múltiplas vezes ao dia, com dezenas de tasks, podem gerar centenas de megabytes ou gigabytes por semana. Sem um plano de retenção, o armazenamento local ou remoto pode ser comprometido.

Boas práticas de retenção incluem:

- Definir tempo de retenção por política (ex: 90 dias para produção, 30 dias para dev)

- Rotacionar logs com ferramentas como logrotate (em

ambientes locais)

- Configurar lifecycle rules em buckets S3/GCS para apagar logs antigos automaticamente

- Compactar logs com gzip antes do upload (reduz custo de armazenamento)

- Excluir logs de DAGs de teste ou depuração automaticamente

Em ElasticSearch, a rotação pode ser feita via index lifecycle management (ILM), configurando políticas que excluem ou movem índices antigos.

Além disso, é possível incluir lógica de limpeza com DAGs auxiliares:

python

```python
from airflow.operators.python import PythonOperator


def limpar_logs(**kwargs):
    import shutil
    import os
    base_path = '/opt/airflow/logs'
    for root, dirs, files in os.walk(base_path):
        for d in dirs:
            # apagar diretórios com mais de 60 dias
            pass


task_limpeza = PythonOperator(
```

```
task_id='limpar_logs_antigos',
python_callable=limpar_logs,
dag=dag
)
```

Resolução de Erros Comuns

Erro: Logs não aparecem na interface web
Solução: verifique se o diretório logs/ existe e está com permissões corretas. Em casos de logging remoto, confira a chave remote_log_conn_id.

Erro de autenticação ao usar ElasticSearch
Solução: certifique-se de que o host está acessível, que a autenticação básica/token está correta e que a indexação está habilitada.

Erro: Logs sobrepostos ou truncados
Solução: pode ocorrer em ambientes com múltiplos workers que compartilham pasta de logs sem isolamento. Configure logs com log_id_template único por task.

Erro ao integrar com GCS ou S3
Solução: a conexão deve conter chave de acesso e bucket com permissão de leitura e escrita. Use airflow connections get para validar.

Erro: falha na leitura de log remoto
Solução: geralmente ocorre quando o log não foi totalmente carregado ao backend. Confirme se remote_logging = True está ativo e que o upload é realizado no task_exit().

Boas Práticas

- Centralizar os logs em backend remoto (S3, GCS, ELK)

- Configurar logs assíncronos para ambientes distribuídos

- Aplicar compressão automática (gzip) para reduzir armazenamento

- Criar dashboards e alertas para logs de erro e falhas críticas

- Utilizar indexação por DAG, task e data para facilitar análise

- Auditar execuções com callbacks e registros em banco ou APIs

Resumo Estratégico

Um sistema de logging avançado e auditoria eficiente é o alicerce da observabilidade, da governança e da confiabilidade operacional em ambientes de orquestração de dados com Apache Airflow. Centralizar, proteger, visualizar e controlar os logs das DAGs e tarefas é essencial para diagnóstico rápido, prevenção de falhas, compliance regulatório e melhoria contínua dos pipelines.

A integração com ELK Stack, a automação de callbacks de auditoria, a aplicação de políticas de retenção e o uso de backends de log distribuídos como S3 ou ElasticSearch colocam o Airflow em um patamar profissional de operação. Ao aplicar essas estratégias, o operador transforma os logs em uma ferramenta poderosa de análise, controle e evolução operacional.

CAPÍTULO 24. CASOS REAIS DE ORQUESTRAÇÃO COM AIRFLOW

A maturidade de uma operação de dados é medida, entre outros fatores, pela capacidade de orquestrar fluxos complexos de maneira confiável, transparente e escalável. O Apache Airflow, nesse contexto, tornou-se o padrão de fato em organizações de todos os portes para controlar pipelines de ingestão, transformação, carga, validação e entrega de dados. À medida que as soluções se tornam mais integradas, os times mais especializados e os volumes mais intensos, o papel do Airflow se expande para além da simples execução de scripts: ele se consolida como um sistema nervoso operacional da engenharia de dados moderna.

Exploraremos casos reais de orquestração com Airflow, destacando estratégias aplicadas em pipelines de ingestão e transformação, a convivência com múltiplos ambientes, a colaboração entre times usando Airflow centralizado, os processos de padronização de fluxos críticos, além de erros recorrentes enfrentados em produção e o conjunto de boas práticas que sustentam ambientes resilientes e auditáveis.

Pipeline de ingestão e transformação de dados

Uma das aplicações mais comuns do Airflow é na orquestração de pipelines que realizam a ingestão de dados de diversas fontes (APIs, bancos relacionais, arquivos, eventos) e executam transformações antes de gravar os resultados em um destino final (data warehouse, data lake ou sistema analítico).

Ingestão de Dados de E-commerce

1. A DAG inicia com a extração de pedidos de venda via API REST de uma plataforma como Shopify, Magento ou plataforma interna.

2. Os dados são salvos temporariamente em arquivos CSV ou JSON em um diretório local ou bucket em S3.

3. Uma task de validação garante que os arquivos possuam estrutura e volume esperados.

4. A transformação ocorre com Spark, dbt ou scripts SQL, normalizando os dados, enriquecendo com informações de clientes e produtos.

5. Por fim, os dados são carregados em uma tabela particionada no data warehouse.

Esse fluxo típico pode conter operadores como:

- SimpleHttpOperator para chamadas de API

- PythonOperator para transformação com Pandas ou PySpark

- BashOperator para invocação de pipelines externos

- S3ToRedshiftOperator ou BigQueryInsertJobOperator para carga final

A DAG é executada de hora em hora, com janelas de tolerância e backfill automático para cobrir falhas anteriores. Esse modelo é replicável para múltiplas áreas — financeiro, marketing, operações — apenas alterando as fontes e transformações.

Workflows com Múltiplos Ambientes

Ambientes de dados maduros operam em diferentes camadas: desenvolvimento, homologação (staging) e produção. O Airflow permite isolar cada ambiente fisicamente (instâncias separadas) ou logicamente (mesmo cluster com DAGs e recursos segregados).

Cenário aplicado: time de dados em múltiplos ambientes:

- Ambiente de **desenvolvimento** roda localmente com SQLite ou PostgreSQL, apenas para testes unitários.

- Ambiente de **staging** simula produção, com volume reduzido de dados e conexões reais.

- Ambiente de **produção** roda em Kubernetes com CeleryExecutor, armazenando logs em S3 e DAGs versionadas por Git.

Cada ambiente possui:

- Repositório Git com branches distintas (ex: develop, staging, main)

- Variáveis e conexões isoladas via AIRFLOW_HOME, **secrets manager** ou airflow.cfg separados

- Deploy via pipelines de CI/CD específicos por ambiente

O mesmo código da DAG pode se comportar de maneira distinta conforme o ambiente, utilizando variáveis e condicionais:

python

```python
if Variable.get("env") == "staging":
    endpoint = "https://api-teste.exemplo.com"
else:
```

```
endpoint = "https://api.exemplo.com"
```

Essa estratégia garante estabilidade em produção, reduz falhas inesperadas e promove testes seguros com feedback rápido.

Integração entre Times com Airflow centralizado

À medida que diferentes equipes compartilham o mesmo cluster Airflow, é essencial adotar estratégias que permitam colaboração sem conflito, como segmentação de DAGs, controle por RBAC e isolamento de filas.

Caso: empresa com time de dados e time de marketing

- Time de dados cuida de DAGs de ingestão, transformação e carga.

- Time de marketing orquestra campanhas, sincronização de leads e relatórios em tempo real.

- Ambos os times compartilham a mesma infraestrutura Airflow com acesso via RBAC.

- Conexões como postgres_default, api_marketing, crm_conn são compartilhadas com permissões diferentes.

Cada DAG é identificada por owner, tags e prefixo no dag_id, como:

python

```python
dag = DAG(
    dag_id='dados_ingestao_pedidos',
    owner='engenharia_dados',
    tags=['dados', 'etl'],
    ...
```

```
)

dag = DAG(
    dag_id='mkt_disparo_campanha',
    owner='marketing',
    tags=['mkt', 'webhook'],
    ...
)
```

O modelo apesentado permite que a governança administre o acesso, as execuções e os logs sem que um time impacte diretamente no fluxo do outro. A centralização também favorece a padronização, o reuso de operadores e o monitoramento único de falhas.

Padronização de Fluxos Críticos

Em ambientes produtivos, alguns fluxos são considerados **críticos**: cargas financeiras, relatórios regulatórios, atualizações de pricing, entre outros. Para esses casos, é fundamental que as DAGs sigam um padrão rigoroso que inclua:

- Validação de entrada

- Checagem de consistência pós-processamento

- Notificações por erro ou atraso

- Backup automático dos dados de entrada

- Tolerância a falhas com retries, backoff e catchup configurados

DAG de Fechamento Financeiro

1. Início manual por usuário autorizado ou trigger automático via API

2. Extração de dados de contas a pagar e a receber

3. Consolidação com câmbio e impostos do dia

4. Validação do saldo e divergência com dia anterior

5. Exportação para PDF, planilha e envio por e-mail assinado digitalmente

6. Armazenamento da evidência em bucket versionado

7. Notificação via Slack com link para o relatório

Cada etapa possui operador dedicado, pool exclusivo (ex: financeiro) e fila de prioridade (alta_prioridade). Logs são exportados para ElasticSearch, e as execuções são registradas em dashboard de compliance.

Resolução de Erros Comuns

Erro: DAG executa fora de hora ou com parâmetros errados
Solução: verifique start_date, schedule_interval, e se catchup está ajustado. DAGs com start_date=datetime.now() causam comportamento imprevisível.

Erro de DAG com múltiplos ambientes
Solução: assegure que variáveis, conexões e dependências externas estejam disponíveis em todos os ambientes. Utilize versionamento sincronizado.

Erro: confusão entre DAGs com nomes parecidos
Solução: padronize nomes de DAGs com prefixos identificadores (etl_, mkt_, rel_) e use tags para filtros na interface.

Erro: DAG falha sem motivo aparente após alteração
Solução: sempre utilize airflow tasks test ou airflow dags test antes de subir para produção. Cheque logs completos da tarefa.

Erro: Tasks não executam após trigger manual
Solução: DAG pode estar pausada. Valide via UI ou comando airflow dags list.

Boas Práticas

- Versionar todas as DAGs com Git, CI/CD e revisão obrigatória

- Testar cada nova DAG com airflow tasks test e em ambiente staging

- Usar Variable.get() com default_var para evitar falhas por ausência de variáveis

- Documentar cada DAG com doc_md, tags e descrição clara no código

- Organizar DAGs em subpastas por domínio: /dags/financeiro/, /dags/marketing/

- Monitorar execuções com alertas em Slack, PagerDuty ou dashboards Grafana

Resumo Estratégico

Os casos reais de aplicação da orquestração com Apache Airflow demonstram como a ferramenta vai muito além da automação de tarefas técnicas. Ela conecta áreas, padroniza processos, permite governança sobre execuções críticas e oferece visibilidade total de dados em movimento. Em pipelines de ingestão e transformação, o Airflow atua como maestro coordenando múltiplos serviços. Em ambientes com diferentes times e domínios, oferece estrutura modular e segmentada para colaboração segura. E em workflows críticos, impõe disciplina operacional com logs, validações e notificações controladas.

Ao compreender técnica e estrategicamete esses cenários, o engenheiro de dados transforma o Airflow em um verdadeiro backbone de orquestração empresarial, capaz de escalar junto com os desafios de negócio e tecnologia. A excelência na construção e operação de DAGs torna-se um diferencial competitivo direto para organizações que valorizam dados confiáveis, processos auditáveis e entregas consistentes.

CAPÍTULO 25. MONITORAMENTO CONTÍNUO E OBSERVABILIDADE

Operar pipelines de dados com confiança exige mais do que execuções agendadas e tarefas concluídas. É fundamental garantir monitoramento contínuo e observabilidade plena sobre todo o ciclo de vida das DAGs no Apache Airflow. Em ambientes corporativos, onde múltiplos workflows afetam diretamente operações financeiras, entregas de produto ou painéis executivos, a ausência de alertas, métricas ou visibilidade centralizada pode gerar impactos sérios e silenciosos.

A combinação de healthchecks, notificações inteligentes, coleta de métricas técnicas, dashboards operacionais e resolução próativa de falhas transforma o Airflow de uma ferramenta reativa em uma plataforma de orquestração realmente confiável e madura. Veremos aqui, os pilares que sustentam esse modelo: verificação ativa do estado das DAGs, integração com sistemas de alerta (como Slack, email, PagerDuty), coleta e exposição de métricas via Prometheus, visualização com Grafana, e boas práticas para operação ininterrupta.

Healthcheck das DAGs

Healthchecks são verificações automáticas e periódicas que garantem que uma DAG está saudável — ou seja, executando conforme esperado, sem falhas acumuladas, sem estar pausada por engano, e com tasks dentro do SLA estabelecido.

Estratégias comuns para healthcheck:

- **DAGs auxiliares** que monitoram outras DAGs

- **PythonOperators** com lógica de validação interna (ex: contagem de execuções esperadas)

- **APIs internas** que validam a última execução com sucesso

- **Sondas de execução via** airflow dags list-runs e airflow tasks state

Exemplo de DAG de healthcheck:

python

```python
from airflow import DAG
from airflow.operators.python import PythonOperator
from airflow.utils.dates import days_ago
from airflow.models.dagrun import DagRun


def verificar_execucao():
    from airflow.utils.session import create_session
    from datetime import datetime, timedelta
    with create_session() as session:
        runs = session.query(DagRun).filter(
            DagRun.dag_id == 'etl_financeiro',
            DagRun.execution_date > datetime.utcnow() -
timedelta(hours=6),
            DagRun.state == 'success'
        ).count()
        if runs == 0:
            raise Exception('DAG etl_financeiro falhou nas últimas
```

```
6 horas')


dag = DAG('healthcheck_etl_financeiro',
start_date=days_ago(1), schedule_interval='@hourly')


check = PythonOperator(
    task_id='verificar_etl_financeiro',
    python_callable=verificar_execucao,
    dag=dag
)
```

A DAG monitora outra DAG crítica e dispara erro se nenhuma execução com sucesso for encontrada em 6 horas. A falha da healthcheck pode, por sua vez, acionar alertas.

Alertas com E-mail, Slack, PagerDuty

Airflow permite a configuração de alertas automáticos por falha, timeout, ou violação de SLA, via e-mail, Webhook ou integração com ferramentas externas.

No nível da DAG:

python

```
from airflow.operators.email import EmailOperator


def alerta_falha(context):
    EmailOperator(
        task_id='enviar_alerta',
        to='dados@empresa.com',
```

```
    subject=f"Erro na DAG {context['dag'].dag_id}",
    html_content=f"""
    A tarefa {context['task'].task_id} falhou.
    Data de execução: {context['execution_date']}
    Veja mais em: {context['task_instance'].log_url}
    """,
    dag=context['dag']
).execute(context)


dag = DAG('pipeline_vendas', on_failure_callback=alerta_falha)
```

Ou com Slack:

python

```
from airflow.providers.slack.operators.slack_webhook import
SlackWebhookOperator


def slack_alerta(context):
    mensagem = f"""
    *Erro na DAG:* `{context['dag'].dag_id}`
    *Task:* `{context['task'].task_id}`
    *Data:* `{context['execution_date']}`
    *Log:* {context['task_instance'].log_url}
    """

    alerta = SlackWebhookOperator(
        task_id='slack_notificacao',
```

```
    http_conn_id='slack_default',
    message=mensagem,
    channel='#monitoramento',
)
alerta.execute(context)
```

Para integrações mais avançadas, como PagerDuty, recomenda-se usar PythonOperator com chamadas HTTP personalizadas ou bibliotecas como pypd.

Airflow também permite alertas por violação de SLA:

python

```
dag = DAG('etl_precos', default_args={'sla':
timedelta(minutes=30)}, sla_miss_callback=alerta_falha)
```

Métricas com Prometheus

O Airflow expõe métricas internas através do endpoint /metrics quando o componente Prometheus está habilitado. Essas métricas incluem:

- Número de DAGs ativas

- Número de tarefas por status (running, success, failed)

- Tempo de execução médio

- Tamanho da fila de tasks

- Tempo entre agendamento e execução

- Healthchecks de workers e scheduler

Para habilitar o exporter:

1. Instale o **provider** apache-airflow-providers-prometheus

2. **Adicione ao** webserver_config.py:

python

```python
from prometheus_client import make_wsgi_app
from werkzeug.middleware.dispatcher import DispatcherMiddleware

from airflow.www.app import create_app

app = create_app()
application = DispatcherMiddleware(app, {
    '/metrics': make_wsgi_app()
})
```

3. Configure o Prometheus com scrape no endpoint / metrics

Com isso, as métricas do Airflow passam a ser exportadas continuamente e podem ser visualizadas e analisadas por qualquer ferramenta compatível com Prometheus.

Dashboards com Grafana

Com os dados coletados via Prometheus, é possível criar dashboards altamente visuais e operacionais no Grafana, fornecendo visibilidade em tempo real para analistas, engenheiros e equipes de suporte.

Componentes comuns do dashboard:

- Execuções por DAG (últimas 24h, por status)

- Tarefas com maior duração média

- Tasks mais falhas por DAG

- Número de DAGs em fila ou execução simultânea

- SLA violations por dia

- Healthcheck diário com semáforo (verde/amarelo/ vermelho)

A comunidade Airflow oferece templates prontos de dashboards para Grafana com variáveis por DAG, task, worker e status. Com isso, é possível identificar gargalos, detectar comportamento anômalo e prevenir falhas antes que causem impacto real.

Dashboards devem ser integrados a TV walls em NOCs ou canais dedicados como o Slack, reforçando a cultura de dados operacionais e ação proativa.

Resolução de Erros Comuns

Erro: métricas não aparecem no Prometheus
Solução: confirme se o endpoint /metrics está habilitado corretamente. Verifique logs do webserver para erros de inicialização. Verifique se a porta está liberada.

Erro: alertas não disparam
Solução: pode ser erro na configuração da DAG (on_failure_callback ausente) ou ausência de token/autenticação na conexão Slack ou SMTP. Valide permissões do webhook ou servidor de e-mail.

Erro: logs não contêm informações úteis
Solução: Utilize logging.info() dentro dos operadores e evite print(). Estruture as mensagens com contexto (dag_id, task_id, parâmetros).

Erro: alertas com dados desatualizados
Solução: verifique se os context usados estão corretos (execution_date, task_instance). Atualize a lógica de mensagem conforme necessário.

Erro: Grafana mostra dados incompletos
Solução: ajuste o intervalo de coleta do Prometheus (scrape_interval). Verifique se o exporter está ativo em todos os nós relevantes.

Boas Práticas

- Criar DAGs de healthcheck que monitoram DAGs críticas

- Habilitar callbacks de alerta com contexto detalhado

- Utilizar SLA para tarefas com janelas rígidas de execução

- Exibir dashboards de Airflow em monitores de NOC ou TV corporativa

- Armazenar todas as métricas em Prometheus e logs em ElasticSearch

- Centralizar notificações em canais com escalonamento (Slack → PagerDuty)

Resumo Estratégico

Monitoramento contínuo e observabilidade não são acessórios em uma operação moderna com Apache Airflow — são elementos estruturais de confiança, governança e escala. Ao combinar healthchecks automatizados, alertas inteligentes, métricas expostas e dashboards visuais, os times passam de uma postura reativa para um modelo proativo de engenharia.

O Airflow, integrado com ferramentas como Prometheus e Grafana, se transforma em uma plataforma viva, onde cada DAG é monitorada, cada falha é detectada e cada violação é registrada. Essa visibilidade total empodera operadores, reduz incidentes e fortalece a cultura de confiabilidade e transparência nos dados. Ao aplicar essas práticas, a orquestração com Airflow deixa de ser apenas funcional e se torna verdadeiramente operacional.

CONCLUSÃO FINAL

Ao longo deste manual técnico e prático, consolidamos os fundamentos e estratégias mais avançadas para a orquestração de dados utilizando o Apache Airflow. Esta jornada foi cuidadosamente estruturada para não apenas apresentar os componentes da ferramenta, mas também mostrar como aplicá-los em contextos reais, profissionais e críticos. Airflow não é apenas um agendador de tarefas — ele é uma plataforma completa de engenharia operacional, onde DAGs representam fluxos de decisão, dados e valor.

A seguir, faremos uma consolidação dos conceitos técnicos aplicados, um resumo capítulo a capítulo, recapitulação das ferramentas utilizadas, direções práticas para aplicação profissional, e encerraremos com um agradecimento direto ao leitor que percorreu esta imersão em engenharia de orquestração com excelência.

Consolidação dos Conceitos Técnicos Aplicados

A estrutura deste livro seguiu uma progressão didática e modular. Começamos com a instalação local, avançamos para a criação de DAGs, exploramos os operadores e componentes internos, conectamos o Airflow com sistemas externos, implementamos padrões de execução escalável e, por fim, estruturamos estratégias de observabilidade e segurança.

Esses conceitos foram acompanhados por práticas concretas com PythonOperator, BashOperator, SparkSubmitOperator, BranchPythonOperator, SimpleHttpOperator, entre outros. Estudamos trigger_rules, task_concurrency, start_date, catchup, pools, XCom, DAG params, sla, e callbacks como pilares para a construção de DAGs confiáveis.

Avançamos para configurações de produção com Docker, Docker Compose, CeleryExecutor, KubernetesExecutor, e logging remoto em S3, GCS, e ELK. A segurança foi abordada com RBAC, criptografia Fernet e proteção de variáveis sensíveis. A operação contínua foi garantida por healthchecks, alertas integrados e dashboards técnicos.

São estes os alicerces práticos de um sistema de orquestração que não apenas executa, mas opera de forma autônoma, previsível e auditável — e isso é, em essência, engenharia de produção com Airflow.

Breve Resumo de Cada Capítulo

Capítulo 1 – Primeiros Passos com Apache Airflow
Exploramos a instalação local, estrutura de diretórios, criação de usuário e inicialização do scheduler e webserver. Conceitos como DAG, task, scheduler e executor foram introduzidos com clareza operacional.

Capítulo 2 – Criando sua Primeira DAG
Apresentamos a definição básica de DAGs com PythonOperator, uso de start_date, catchup, e execução manual via CLI. Demonstramos a importância da organização e encadeamento sequencial.

Capítulo 3 – Operadores Essenciais no Airflow
Analisamos os principais operadores nativos: BashOperator, PythonOperator, EmailOperator. Discutimos seus parâmetros, comportamento e formas de composição entre tarefas distintas.

Capítulo 4 – Trabalhando com Variáveis e Conexões
Mostramos como utilizar Variable.get(), proteger credenciais, e estruturar conexões via interface. Explicamos o uso de conn_id e params para parametrização segura.

Capítulo 5 – Trigger Rules e Dependências

Estudamos regras de execução como all_success, all_failed, all_done e como aplicar lógica condicional com trigger_rule em workflows reais.

Capítulo 6 – Agendamentos e Intervalos de Execução
Discutimos schedule_interval, expressões cron, timedelta, diferenças entre start_date e execution_date, e os efeitos de catchup.

Capítulo 7 – XComs: Comunicação entre Tarefas
Mostramos como usar xcom_push() e xcom_pull() para troca de dados entre tasks, com cuidados de performance e serialização.

Capítulo 8 – Utilizando Branching com BranchPythonOperator
Exploramos a execução condicional com retorno de task_id, uso de lógica de ramificação e consolidação de fluxo com trigger_rule='none_skipped'.

Capítulo 9 – Sensors: Monitoramento de Condições Externas
Vimos o uso de FileSensor, HttpSensor, ExternalTaskSensor, modos poke e reschedule, timeout e impacto em workers.

Capítulo 10 – Monitoramento de DAGs e Tarefas
Apresentamos o uso da interface web, logs detalhados, views gráficas, integração com ferramentas externas e análise de duração e falhas.

Capítulo 11 – Customizando Operadores e Hooks
Ensinamos a criar BaseOperator e BaseHook customizados, reaproveitando lógica, empacotando módulos e implementando padrões corporativos.

Capítulo 12 – Paralelismo e Concurrency
Estudamos parallelism, dag_concurrency, max_active_runs, task_concurrency, e como escalar execuções sem sobrecarregar workers.

Capítulo 13 – Deploy em Produção com Docker
Configuramos Airflow com Docker e Docker Compose, explicamos imagens customizadas, volumes e variáveis, e

automatizamos deploy com pipelines.

Capítulo 14 – Airflow com Kubernetes Executor
Exploramos deploy em clusters Kubernetes, uso de templates de pods, isolamento por tarefa e escalabilidade via autoscaling nativo.

Capítulo 15 – Orquestração com Spark e Hadoop
Mostramos como integrar SparkSubmitOperator com HDFS, pipelines ETL com Spark e Hive, com logging distribuído e sensores Hadoop.

Capítulo 16 – Integrações com APIs e Webhooks
Utilizamos SimpleHttpOperator para chamadas REST, envio de payloads, consumo de endpoints e construção de integrações externas.

Capítulo 17 – Testes Locais e Debug de DAGs
Aplicamos airflow tasks test, print(), logging, breakpoints no VS Code, e validação de execuções com airflow dags test.

Capítulo 18 – Templates Jinja e Macros
Demonstramos o uso de {{ ds }}, {{ execution_date }}, macros.ds_add, e como parametrizar comandos, caminhos e filtros dinâmicos.

Capítulo 19 – Segurança no Airflow
Configuramos autenticação, RBAC, roles, proteção de variáveis, uso de Fernet Key, e práticas seguras com OAuth, LDAP e JWT.

Capítulo 20 – Airflow REST API
Mostramos como usar GET, POST, DELETE nos endpoints REST para disparar DAGs, criar variáveis, e integrar o Airflow via automação.

Capítulo 21 – Versionamento de DAGs
Implementamos controle por Git, branches por ambiente, pipelines de CI/CD, auditoria de alterações e deploys rastreáveis.

Capítulo 22 – Escalando com Celery Executor
Estudamos arquitetura distribuída, Redis e RabbitMQ como

brokers, tuning de performance, filas dedicadas e workers especializados.

Capítulo 23 – Logging Avançado e Auditoria

Centralizamos logs em S3, GCS, ELK, criamos mecanismos de auditoria e políticas de retenção para garantir rastreabilidade.

Capítulo 24 – Casos Reais de Orquestração com Airflow

Ilustramos pipelines de ingestão, múltiplos ambientes, integração entre times, e padronização de fluxos críticos com Airflow centralizado.

Capítulo 25 – Monitoramento Contínuo e Observabilidade

Criamos healthchecks, configuramos alertas com Slack e PagerDuty, expusemos métricas com Prometheus e montamos dashboards com Grafana.

Recapitulação das ferramentas e fluxos usados

As principais ferramentas utilizadas ao longo da obra incluem:

- Apache Airflow (Webserver, Scheduler, CLI)

- Docker e Docker Compose

- Kubernetes (Executor, pod templates, Helm)

- Git (versionamento de DAGs)

- Redis, RabbitMQ (brokers)

- PostgreSQL, MySQL (metadatabase)

- Prometheus, Grafana (observabilidade)

- Slack, Email, PagerDuty (notificações)

- ELK Stack, GCS, S3 (logging)

- Spark, HDFS, Hive (Big Data)

- APIs REST, Webhooks, OAuth (integração externa)

Os fluxos padronizados envolveram: extração, transformação, carga, validação, alertas, ramificação condicional, reprocessamento, versionamento e deploy automático.

Indicativos de Aplicação Profissional Direta

Este conteúdo foi estruturado com foco na aplicação imediata em ambientes reais. Toda organização que depende de dados para suas operações pode aplicar os conceitos abordados para:

- Reduzir falhas em pipelines críticos

- Implementar governança sobre execuções de dados

- Garantir observabilidade sobre fluxos e falhas

- Automatizar entregas de dados e relatórios

- Integrar plataformas heterogêneas via Webhooks e APIs

- Prover segurança e rastreabilidade para auditores e compliance

- Escalar sua operação de dados com confiança

Airflow é usado por empresas como Airbnb, Netflix, Paypal, Mercado Livre e milhares de organizações em todo o mundo. Os aprendizados aqui aplicam-se tanto a startups quanto a estruturas multinacionais.

Direção prática para Oquestrações com Apache Airflow

Com os fundamentos dominados, o próximo passo natural é a especialização em fluxos dinâmicos e contextuais, como:

- DAGs parametrizadas por linha de negócio

- Orquestração entre múltiplos clusters de Airflow

- Execuções dirigidas por eventos (event-driven pipelines)

- DAGs com lógica reativa e persistência de contexto

- Construção de DAG Factories

- Uso de TaskFlow API para DAGs com tipagem e modularização

- Airflow com DataOps e MLOps

- Deploy multicloud com observabilidade distribuída

Além disso, o domínio da API REST, da integração com ambientes CI/CD e da adaptação do Airflow para atender SLAs e políticas corporativas posiciona o engenheiro de dados como **operador de infraestrutura crítica**, com poder de entrega contínua e inovação constante.

Ao leitor que chegou até aqui: **obrigado!**

Este livro foi escrito com o compromisso de entregar um conteúdo prático, direto e completo sobre Apache Airflow — não apenas como ferramenta, mas como instrumento de transformação operacional.

Cada linha, cada exemplo e cada prática compartilhada foram pensados para você que busca excelência técnica, domínio estrutural e impacto real em projetos de engenharia de dados. Que este conteúdo sirva como referência, trampolim e combustível para sua jornada profissional.

Continue explorando, construindo e orquestrando. Com inteligência, rigor e visão.

Cordialmente,

Diego Rodrigues & Equipe!